臺灣歷史與文化研究輯刊

二四編

第5冊

廖瓊枝修編《火燒紅蓮寺》與《俠女英雄傳》演出作品分析（上）

江君儀 著

花木蘭文化事業有限公司

國家圖書館出版品預行編目資料

廖瓊枝修編《火燒紅蓮寺》與《俠女英雄傳》演出作品分析（上）
／江君儀 著 -- 初版 -- 新北市：花木蘭文化事業有限公司，
2023〔民 112〕
目 10+162 面；19×26 公分
（臺灣歷史與文化研究輯刊二四編；第 5 冊）
ISBN 978-626-344-362-4（精裝）
1.CST：歌仔戲 2.CST：表演藝術 3.CST：舞臺設計
733.08　　112010199

ISBN-978-626-344-362-4

臺灣歷史與文化研究輯刊
二四編　第 五 冊　　ISBN：978-626-344-362-4

廖瓊枝修編《火燒紅蓮寺》與《俠女英雄傳》演出作品分析（上）

作　　者　江君儀
總 編 輯　杜潔祥
副總編輯　楊嘉樂
編輯主任　許郁翎
編　　輯　張雅淋、潘玟靜　美術編輯　陳逸婷
出　　版　花木蘭文化事業有限公司
發 行 人　高小娟
聯絡地址　235 新北市中和區中安街七二號十三樓
　　　　　電話：02-2923-1455／傳真：02-2923-1452
網　　址　http://www.huamulan.tw 信箱 service@huamulans.com
印　　刷　普羅文化出版廣告事業
初　　版　2023 年 9 月
定　　價　二四編 9 冊（精裝）新台幣 26,000 元　

廖瓊枝修編《火燒紅蓮寺》與《俠女英雄傳》演出作品分析（上）

江君儀 著

作者簡介

江君儀，一九九六年出生，新北市板橋人。

十歲起考入國立臺灣戲曲學院歌仔戲學系，奠基曲學，術藝並重，長期浸淫於戲曲傳統文化。

大學時期習藝於國寶級老師廖瓊枝，學術研究方向萌生於此。其後以《廖瓊枝編修《火燒紅蓮寺》與《俠女英雄傳》演出作品分析》一文畢業於國立成功大學藝術研究所碩士班，並獲斐陶斐榮譽會員殊榮及 111 學年國立傳統藝術中心碩博士論文獎助。

提　　要

歌仔戲起源於二十世紀的宜蘭地帶，目前為臺灣民間最興盛的傳統戲曲之一，也是最具代表性的傳統表演藝術。然而在這多元、創新及跨界的大熔爐之中，許多歌仔戲藝師開始追溯傳統演出劇目，並嘗試將舊有的、印象中早期的歌仔戲表演形式，帶入現代戲曲劇場中，再融合新技術，試圖呈現當時歌仔戲在臺灣火紅的風貌。

國寶級藝師廖瓊枝老師也親自率領廖瓊枝基金會、薪傳歌仔戲團，將早期內臺歌仔戲時期的連本大戲《火燒紅蓮寺》帶進現代的歌仔戲劇場。2011 時《火燒紅蓮寺》於花蓮文創園區首演，六年後改名為《俠女英雄傳》，在 2017 年於臺灣戲曲中心重新製演。

本文試圖深入研究《火燒紅蓮寺》及《俠女英雄傳》兩劇目之文本結構、表演藝術、舞臺美術，並梳理分析由武俠小說《江湖奇俠傳》改編而成的《火燒紅蓮寺》在戲曲脈絡之下，不同時期所呈現的風貌。

本論文 111 年曾獲國立傳統藝術中心獎助

謝　辭

在人生旅程中，會經歷許多考驗，當然也會造就許多值得肯定的、令人驕傲的事情。碩士學位對我而言是重要的里程碑，也是一項指標性的成就。或許在生涯中面臨的起起伏伏，只是暫時性的難關，但終究也是回首路上驕傲的自我證明。感謝學校、所有指導過我和幫助過我的師長、同學、家人、朋友，以及所有使我成長而我來不及當面道謝的所有人。因為有了這些能量，才促成我這本論文的產出。

本文的完成首先感謝我的指導教授陳佳彬教授。教授指引學生彌補論文的諸多不足，令學生得以反思論文架構的完整性、文句陳述的盲點、論說上的邏輯謬誤等，並悉心逐一點出論文的缺失。教授所帶給我的不僅是做學問的方法，更蘊藏了待人接物的為人處世風範，令學生獲益匪淺。

感謝口試委員陳伊婷教授與謝俐瑩教授（按姓名筆畫排列）所賜予拙著的寶貴意見，使本文在格局上、眼界上都開闊許多。二位座師指引的材料與分析方向，都使得本文相關論題在未來可能的研究之路上猶如獲得一盞明燈。

感謝國立成功大學暨藝術研究所所有授課教師。感謝助教劉俊君老師及系所辦公室給予的支援和幫助。感謝我所上同學們的互相扶持，獨學而無友，則孤陋而寡聞。

我從十歲起進入戲曲學院就讀，浸淫在傳統文化帶給我的薰陶中。在學科素養和術科功法的雙重要求之下，備感艱辛。這是我們難忘的成長記憶，也是值得肯定的經歷。技藝的磨練，並沒有使我忘記必須要充實自己的學術涵養。大四畢業前，我決定要繼續升學，離開臺北的生活圈，開啟漫長的古都臺南負笈之旅。碩班所修習的課程以及過往所有學習內容，都是拙著完成的元素。多年來的知識，醞釀出略有可觀的積累。

研究所求學階段，學生同時兼顧研究並負擔工作，以支應個人生活所需；家中又因特殊突發狀況，致使家母身體微恙，必須同時和家人共同分擔照護。箇中滋味，自不待言。感謝家人和所有人對於我這段特殊時間的包容與海涵。

為戲劇、戲曲、歌仔戲傳統文化及藝術領域的研究，貢獻微薄的心力，是我一直以來的願望，僅以拙著獻給所有幫助我、成就我的人。

目次

表目次

圖目次

緒　論

第一節　研究動機與目的

一、研究動機

筆者選擇以「歌仔戲」做為主要研究對象之動機，是因個人從國小五年級進入國立臺灣戲曲學院歌仔戲學系學習臺灣歌仔戲，至今十五年之經驗，除了課堂學習之外，參與各種不同劇團演出，所得之自身實務和累積。而在這學習臺灣歌仔戲的過程中，雖然技藝方面得到充分的學習及展現，但在對戲劇學理的運用上卻是匱乏的，故筆者將自己較為熟悉的「歌仔戲」做為研究對象，一方面可以精進自身對於戲劇理論之運用，另一方面則是希望佐證實務經驗研究之內容。

在諸位學者認定之下，可以確定 1920 年代〔註 1〕，歌仔戲進入了內臺演出時期；在這期間歌仔戲大量吸收上海、福州京劇戲班的機關布景和表演，豐富了通俗劇場的內涵，大受群眾歡迎，「內臺戲」也為大眾耳熟能詳的一個演出形式。當時平江不肖生所著《江湖奇俠傳》武俠奇幻小說改編而成的《火燒紅蓮寺》電影，進入臺灣的各個戲院放映，受到廣大民眾的熱烈的迴響，而歌仔冊、歌仔戲、布袋戲、客家戲等劇種所改編之《火燒紅蓮寺》也隨之問世，歌仔戲《火燒紅蓮寺》的連臺本戲風靡一時的情況，也深刻烙印在人們的腦海。歌仔戲在進入內臺時期後快速成長，其中無論是舞臺藝術、表演藝術、劇

〔註 1〕曾永義：《台灣歌仔戲發展與變遷》（臺北：聯經出版事業有限公司，1988 年），頁 59。

本形式等，也成為現代諸多專家學者們對於臺灣歌仔戲研究之範疇。

然而筆者在因緣際會下，實際參與了薪傳歌仔戲團於 2017 年所演出的《俠女英雄傳》，此劇的演出形式與以往薪傳歌仔戲的演出製作有著明顯的風格差異，因而引起筆者對此劇目諸多好奇。首先是對於曾獲得文化部 106 年「表演藝術結合科技跨界創作」的補助，結合科技所呈現之 2017 年《俠女英雄傳》版本與 2011 年廖瓊枝基金會在花蓮文化創意園區所演出《火燒紅蓮寺》版本間之異同；其次則是對《火燒紅蓮寺》的文本源頭《江湖奇俠傳》、《火燒紅蓮寺》在戲曲脈絡下所呈現的風貌以及此劇目挪用內臺時期的演出風格所呈現的表演藝術與舞臺美術運用，以上皆為引發筆者想研究此主題的動機。

在經由蒐集文獻並整理分類後，發現在歌仔戲內臺時期連臺本戲《火燒紅蓮寺》相關文獻資料甚少，其文本轉變的過程以及在舞臺被搬演的相關論述更是寥寥無幾，一直到 2011 年廖瓊枝基金會演出《火燒紅蓮寺》及 2017 年薪傳歌仔戲演出《俠女英雄傳》後，才出現針對此演出相關的劇評。

因此筆者希望透過本文，全面性的探討現代版本《火燒紅蓮寺》、《俠女英雄傳》文本結構、表演藝術、舞臺藝術等，企圖從中找尋可以與歌仔戲內臺時期《火燒紅蓮寺》和其他戲曲如：漢調、海派京劇等版本之《火燒紅蓮寺》串聯的相關之處，並藉由分析文本結構理解此劇從原著小說至歌仔戲的轉變過程。

二、研究目的

筆者希望藉由探討戲曲《火燒紅蓮寺》的流變歷程，並分析歌仔戲《火燒紅蓮寺》、《俠女英雄傳》在文本轉換及表演藝術和舞臺美術的呈現，預期達到以下目的：

（一）藉由歸納《火燒紅蓮寺》相關文獻資料，得知各個時期《火燒紅蓮寺》戲曲作品之樣貌，梳理該劇目在戲曲歷史上的發展脈絡與流變過程。

（二）分析原著小說《江湖奇俠傳》中「火燒紅蓮寺」的段落建構，分析廖瓊枝歌仔戲《火燒紅蓮寺》及薪傳歌仔戲《俠女英雄傳》文本結構與文本內容差異性。

（三）深入研究廖瓊枝歌仔戲《火燒紅蓮寺》與薪傳歌仔戲《俠女英雄傳》兩個歌仔戲版本演出之表演藝術形式及舞臺機關布景運用，

以觀察現代歌仔戲演出形式及風格走向。

（四）希冀本研究能因筆者實際參與演出之經驗，提供經歷整體製作及演出的實務角度，供未來研究者參考。

第二節　文獻回顧

筆者將蒐集到的專書、碩博士論文、期刊雜誌、影音媒體等資料，依照本論文主要探討的方向加以分為以下四類：一、原著小說《江湖奇俠傳》相關文獻、二、改編作品《火燒紅蓮寺》相關文獻、三、戲曲脈絡下《火燒紅蓮寺》相關文獻、四、舞臺機關布（變）景相關文獻。

一、原著小說《江湖奇俠傳》相關文獻

筆者在蒐集資料過程發現，單獨探討平江不肖生所著《江湖奇俠傳》研究之文獻，在臺灣亦或是中國大陸皆數量不多，雖然平江不肖生被譽為武俠小說鼻祖，但對於武俠小說之研究多半還是坐落在金庸所創作之作品。

關於《江湖奇俠傳》之研究，筆者將蒐集到的資料分為原著、專書、學位論文及期刊論文四部分分述：

（一）原著

平江不肖生所著《江湖奇俠傳》小說。此作品為平江不肖生第一部長篇武俠小說作品。而在 1984 年聯經出版社所出版之《江湖奇俠傳》第一冊中加入葉洪生先生所撰寫〈平江不肖生小傳及分卷說明〉的前導篇章，以利讀者在閱讀小說前對作者及作品有更深入的瞭解。

（二）專書

張堂錡在《現代文學百年回望》中的〈從《近代俠義英雄傳》看平江不肖生的民族精神與文化反思〉一篇的前言，對平江不肖生的生平及作品作了一番論述，內容提及：

> 一九二三年一月，以湖南平江、瀏陽兩縣居民爭地武鬥為故事梗概所作的《江湖奇俠傳》，連載於上海《紅雜誌》週刊（一九二四年更名為《紅玫瑰》）上，後由上海世界書局分集出版單行本，一共出了九集，約百萬多字，受到讀者熱烈歡迎，每集印數多達數十萬冊，暢銷一時。這部向愷然的成名之作被稱成「中國第一部長篇武俠小

說」，他也被稱為「現代武俠文壇鼻祖」。〔註2〕

而梁守中《武俠小說史話》一書更加全面性探究中國武俠小說的脈絡，其中在〈平江不肖生與《江湖奇俠傳》〉一章中，針對小說作者生平及《江湖奇俠傳》創作背景和流變過程進行論述：

其一：

> 從一九二三年起，這部小說先後在《紅雜誌》和《紅玫瑰》週刊連載，後來由明星影業公司截取其中片斷，改編攝製成電影《火燒紅蓮寺》，曾經風靡一時。後又繪製成連環圖，影響越發巨大。差不多人人皆知有金羅漢和紅姑（兩個都是《火燒紅蓮寺》裡的重要俠客），一談起來便興致勃勃。〔註3〕

其二：

> 於是《江湖奇俠傳》便先後在世界書局出版的《紅雜誌》和《紅玫瑰》週刊上連載了，其後集結出書，一集、兩集……層出不窮，一直出到第九集。第九集後，為另一人所續寫，文筆遠遜於不肖生，讀者很不滿意。〔註4〕

透過上述文獻資料記載，可得知《江湖奇俠傳》在出版為專書前為雜誌長篇連載之小說，後才由上海世界書局分集出版，第九集後則為他人接續寫作。雖然《江湖奇俠傳》皆非作者全書主要論述對象，故論述的篇幅不多，但對於武俠小說流變之研究，談及平江不肖生多半會談論到此部小說的重要性。

（三）學位論文

林建揚〈平江不肖生之《江湖奇俠傳》《近代俠義英雄傳》研究〉此篇論文以平江不肖生著名的兩部作品《江湖奇俠傳》、《近代俠義英雄傳》為研究範圍。

探討作者生平背景、創作時社會背景及兩部小說淵源並且深入研究文本中儒、佛、道內含以及作品主題內涵，全面關照作者、小說、社會之關係。其論文第四章《江湖奇俠傳》淵源與取材以及第七章作品內涵為筆者主要參考之對象。

〔註2〕張堂錡：《現代文學百年回望》（臺北：萬卷樓圖書股份有限公司出版，2012年），頁83。

〔註3〕梁守中：《武俠小說史話》（天津人民出版社出版，2019年），頁104。

〔註4〕梁守中：《武俠小說史話》（天津人民出版社出版，2019年），頁105。

而李子敬〈平江不肖生武俠作品之湖湘文化研究〉以平江不肖生創作之作品貫穿全篇論文。

從作者與武俠小說談起，在第二章第五節中針對平江不肖生三部重要著作《留東外史》、《江湖奇俠傳》、《近代俠義英雄傳》進行論述。後談論平江不肖生作品創作題材中湖湘文化之呈現與運用，以文化視角反觀小說描述之內容。

《江湖奇俠傳》在本篇研究論文中佔了大量的篇幅，無論是在作者生平、作品本身的論述又或是湖湘文化之研究上都被廣泛使用。此篇論文可做為筆者以文化角度觀看《江湖奇俠傳》之重要參考依據。

丁賢善〈中國現代武俠小說的敘述藝術〉則是以《江湖奇俠傳》、《聯鏢記》兩部小說的敘事方法、架構為主要研究範疇。

該研究者認為《江湖奇俠傳》敘述性是虛幻帶有夢境的，且認為作品中的故事多源自於民間，原本就隱藏著集體無意識的慾望，而作者只是充分利用這種形式來編織自己的文本：

> 《江湖奇俠傳》，敘述的是虛幻的、超現實的世界裡的故事，這些故事大多源於民間傳說或野史口談，而又經過作者的加工創造。因此，它們的背後本來就隱藏著許多集體無意識的欲望。這些無意識的欲望想要穿透壓制之牆時，便要試圖通過諸如妄想、執著、夢境以及幻想，來編織自己的文本。向愷然充分利用這種夢境式和幻想式的原始文本，並且加以再編織和渲染、擴大，從而形成這部小說具有個性的敘事文體。〔註5〕

除了對《江湖奇俠傳》的敘事結構進行深入研究外，也針對《江湖奇俠傳》在文本結構上的破碎性以及人物的全知性、半知性、非全知性做詳細的舉例論述。

（四）期刊論文

經由筆者梳理後與《江湖奇俠傳》相關期刊論文約有 55 篇，但其中僅有 12 篇期刊論文直接針對《江湖奇俠傳》做探討。

其他相關論文多半是對於武俠小說之探討，內容雖有提及《江湖奇俠傳》卻未深入進行探究，故筆者僅針對相關性較高之 12 篇期刊論文做為參考及分述。

張彥〈《江湖奇俠傳》作者向愷然〉、錢劍夫〈《江湖奇俠傳》與平江不肖

〔註 5〕丁賢善：〈中國現代武俠小說的敘述藝術〉（蘇州大學：博士論文，2004 年），頁 19。

生〉兩篇為對於平江不肖生的生平論述居多，對於《江湖奇俠傳》小說並未有過多的著墨。

葉洪生〈答顧臻弟問有關《江湖奇俠傳》回目內文真偽及版本等事〉與顧臻〈《江湖奇俠傳》版本考及相關問題研究〉兩篇期刊論文則是針對《江湖奇俠傳》的版本問題做探究。兩篇期刊論文之間有互相呼應之關係，由提名及內容可見，顧臻在發表〈《江湖奇俠傳》版本考及相關問題研究〉之前就已經先與葉洪生詢問過《江湖奇俠傳》版本之問題。因而得到葉洪生發表〈答顧臻弟問有關《江湖奇俠傳》回目內文真偽及版本等事〉之回覆，而後顧臻於 2013 年發表關於此問題詳盡之研究結果。

孫金燕〈紀實與求虛：武俠文本中分裂的符號自我——以平江不肖生《江湖奇俠傳》為解析對象〉、蔡愛國〈論《江湖奇俠傳》與《近代俠義英雄傳》的小說評點〉、欒梅健〈現代武俠小說的奠基之作——論《江湖奇俠傳》的時代性與浪漫主義特徵〉這三篇則是對於《江湖奇俠傳》小說內容做論述。

而萬天石〈《江湖奇俠傳》中的柳遲〉提及書中柳遲一角現實卻有其參照對象，並對真實人物生平做論述，周錫山〈《江湖奇俠傳》的內功描寫〉、〈《江湖奇俠傳》的內功描寫（下）〉則是對小說中武功功法描述做分析。

石娟〈民國武俠小說的副文本建構與閱讀市場生成——以平江不肖生《江湖奇俠傳》為核心〉以社會的切入研究重點。楊清惠〈《江湖奇俠傳》（1922）的另類孩童〉則以小說中孩童形象最為探討對象。

上述 12 篇做為筆者研究原著《江湖奇俠傳》相關期刊論文之參考。

二、改編作品《火燒紅蓮寺》相關文獻

依據《江湖奇俠傳》小說改編而成之作品《火燒紅蓮寺》除去戲曲版本相關文獻之外，筆者將以《火燒紅蓮寺》電影、《火燒紅蓮寺》連環圖相關文獻作為主要參考依據。

（一）專書

陳墨《中國武俠電影史》在書中第三章〈《火燒紅蓮寺》系列〉談及了當時明星電影公司在何種情形下改編《江湖奇俠傳》並拍攝了電影《火燒紅蓮寺》：

> 在古裝片高潮時期，明星公司堅持了自己的製片方針，沒有追趕時髦；繼而在武俠片的高峰來臨之際，明星公司雖然有參與其間，但

> 卻保持低調，只是略作實驗而已。到了 1928 年，早已出現嚴重虧損的明星公司終於堅持不住了，這一回，他們終於改弦更張，改編《江湖奇俠傳》，拍攝《火燒紅蓮寺》。〔註 6〕

也提及 1928 年《火燒紅蓮寺》上映後，受到熱烈的回響，明星公司也藉著此熱度開拍續集：

> 《火燒紅蓮寺》的熱映，不僅使得明星公司扭虧為盈，也讓明星公司的老闆兼導演張石川終於找到了一條開發財源之路，於是當即決定開拍《火燒紅蓮寺》續集，而且，續集一拍就是二十本，相當於上下集。這個續集仍然火爆。於是，明星公司一續再續，而《火燒紅蓮寺》居然一直「紅火」下去：1928 年拍攝了第一至第三集；1929 年拍攝了第四至九集；1930 年拍攝了第十至第十六集；1931 年拍攝了第十七、第十八兩集。〔註 7〕

藉此得知《火燒紅蓮寺》在當時火熱的情形，而此書的第四章〈「火紅的年代」〉也針對電影《火燒紅蓮寺》的出現，開啟了中國影壇「火燒片」的熱潮進行一翻論述。

沈寂《上海電影》一書深入研究上海電影，並將其分為：滑稽片、武俠片、古裝片、兒童片、抗戰片、喜劇片、歌舞片、文藝片八種不同電影種類進行詳細探究。

其中在〈武俠片〉篇章中小篇幅談及《火燒紅蓮寺》創作背景，而此書對於電影《火燒紅蓮寺》背景敘述與《中國武俠電影史》中的敘述並無太大差異，故不再反覆論述。

筆者認為此書另有值得參考的部分，則是針對女俠角色形象在當時社會上的功能與作用。作者寫到：

> 從天一的《女俠李飛飛》起始，在以後四年內，上海個電影公司拍攝近百部武俠片，幾乎都是以女俠為主角。《火燒紅蓮寺》的甘聯珠和紅姑，《荒江女俠》中的方玉琴，《關東大俠》中的趙窈娘，《兒女英雄傳》裡的十三妹，《紅姑》裡的雲姑，等等。女俠也都由當時電影中的一流女演員來飾演。這顯然與女明星更有號召力有關「武俠片」因此無意中成了女性電影。由此讓中國歷來受封建壓迫的女

〔註 6〕陳墨：《中國武俠電影史》（臺北：風雲時代出版，2006 年），頁 48。
〔註 7〕陳墨：《中國武俠電影史》（臺北：風雲時代出版，2006 年），頁 50。

> 性，在銀幕上敢作敢為，揚眉吐氣。〔註8〕

在原著《江湖奇俠傳》中火燒紅蓮寺的篇章，紅姑一角並不佔據太過重要的位置，但在經由改編後，電影版《火燒紅蓮寺》的續集新增了紅姑一角，而紅姑的加入也讓這部電影受到的迴響更加熱烈。

在現代的歌仔戲版本《火燒紅蓮寺》及《俠女英雄傳》上，更是直接以紅姑作為全劇劇情發展重點。故筆者認為此一看法，可以作為以社會角度觀看《火燒紅蓮寺》文本轉變之參考。

塗翔文《與電影過招：華語武俠類型電影論》從「俠」的角度切入，由正史對於「俠」的定義作為開端，延伸至敘事文學、武俠小說至武俠片的過程。

書中第一章〈民國初年武俠小說的風起雲湧〉談論隨著平江不肖生《江湖奇俠傳》的出版，俠客為主角的小說才重新走紅，後續武俠小說大量問世。

第二章中〈武俠片的起源〉、〈《火燒紅蓮寺》燒出一把火〉、〈第二次高潮興起之前〉的篇章皆對《火燒紅蓮寺》多有論述。〈《火燒紅蓮寺》燒出一把火〉中則是全面性的探究此電影的創作背景、劇情內容、機關道具使用、攝影技術運用及其與社會環境的衝突等。

除去前兩本專書提過的創作背景及劇情內容，筆者認為書中較具有參考價值之論述為，其一：

> 他創造了電影上的「奇觀」，據說各種神怪武俠片的基本神功均在該片出現、奠定基礎，如放飛劍、掌心雷、哭笑音波功、暗室機關、吊鋼絲的輕功飛行等。〔註9〕

由此得知當時電影中所使用之機關道具種類為何，其二是針對攝影技術運用之描述：

> 而當時為符合神怪內容，亦在攝影技術力圖改進突破。本片攝影師董克毅利用動畫片的合成攝影效果，先拍兩人鬥法狀，再在底片上加層繪畫的放光飛劍，合成劍光鬥法的鏡頭；他還把畫在玻璃板上的紅蓮寺頂與沒有寺頂的布景，巧妙地拍攝在一起，構成完整建築。〔註10〕

〔註 8〕沈寂：《上海電影》（上海：文匯出版社出版，2008 年），頁 41。

〔註 9〕塗翔文：《與電影過招：華語武俠類型電影論》（高雄市電影館出本，2018 年），頁 62。

〔註 10〕塗翔文：《與電影過招：華語武俠類型電影論》（高雄市電影館出本，2018 年），頁 63。

其三則針對神怪武俠片對於當時社會的影響，以及當時社會做出之抵制措施來制約此類型電影的發展，以及《江湖奇俠傳》和《火燒紅蓮寺》被查禁之相關內容：

> 甚至到 1932 年 6 月 9 日，電檢會又通過教育、內政兩部發文，認為《江湖奇俠傳》一書內容「荒誕不經，有為黨義，不准登記在案，自應一體察禁，以免流毒社會」；認定《火燒紅蓮寺》取材此書，傳播之廣更為嚴重，禁止該片全部映演。〔註 11〕

藉由上述文獻可知《火燒紅蓮寺》電影在 1928 年上映，在 1932 年《江湖奇俠傳》與《火燒紅蓮寺》因政治力的介入被查禁及禁演，此劇從上映至被禁僅歷時四年時間，但卻對神怪武俠片的開創具有一定的重要性。

（二）學位論文

翁文義〈《火燒紅蓮寺》在台灣之研究——以電影、小說、戲劇為討論重點〉，此篇博士論文以電影、小說、戲劇切入，全面的探究《火燒紅蓮寺》在台灣所造成的熱潮。

從原著《江湖奇俠傳》作者背景及文本結構開始做論述，進而探討原著小說中幾個重要段落的故事源頭。

包括：「平江、瀏陽兩縣居民爭水路馬頭—趙家坪」、「火燒紅蓮寺」、「張汶祥刺馬」、「桂武與楊繼新」四個部分進行文本溯源。

接著進入論述電影《火燒紅蓮寺》上映後在當時所造成的社會影響，以及此電影進入台灣後所引起的現象，如《火燒紅蓮寺》歌仔冊的出現、《火燒紅蓮寺》連環圖的流行以及影視中的《火燒紅蓮寺》作品，進行詳細的研究。

此篇碩博士論文的研究方向，與筆者所研究方向有部分相似之處，但其內容著重於原著小說《江湖奇俠傳》的考究以及影視類的《火燒紅蓮寺》相關作品。雖有提及歌仔冊、連環圖、布袋戲版本的《火燒紅蓮寺》，但戲曲相關版本《火燒紅蓮寺》並不在此博士論文中被討論。故此篇博士論文將作為筆者後續研究《火燒紅蓮寺》改編版本之重要參考文獻。

戴竹筠〈中國佛教會對「戒淫思想」的弘揚與維護（1949～1990）〉。主要針對佛教的「戒淫思想」進行相關研究。《火燒紅蓮寺》的劇情內容，涉及詆毀佛教教義與勸人向善之理念，因此在當時佛教徒對此劇進行抵制的動作。

〔註 11〕塗翔文：《與電影過招：華語武俠類型電影論》（高雄市電影館出本，2018 年），頁 66。

在此篇論文中的第六章第三節，對於佛教反對《火燒紅蓮寺》上演而進行的抵制行動有詳細之論述：

> 《火燒紅蓮寺》影片於民國 30 年遭到佛教徒第一次的抵制行動，即是樂觀法師於民國 30 年率領「國際佛教宣傳隊」由四川到緬甸仰光宣傳抗戰國策時，當地正上演《火燒紅蓮寺》，樂觀與法舫法師一同發動仰光地區各廟華僧卅餘人，集體向電影院交涉，抗議力爭，大鬧電影院，逼迫電影院停映「紅」片。〔註 12〕

當時的佛教徒雖積極對《火燒紅蓮寺》進行抵制，但相關類型題材還是不斷在影劇中重生，當時除了電影《火燒紅蓮寺》之外，電影《新火燒紅蓮寺》、電視劇《母子雁》等與佛教相關影視作品，皆對於當時佛教造成不小的影響。

由此得知《火燒紅蓮寺》在當時無論是對於政府、民間又或是宗教信仰，皆帶來很大的衝擊，但此篇文中，提及樂觀法師在民國 30 年（也就是西元 1941 年）在四川、緬甸對《火燒紅蓮寺》進行抵制，但在中國地區此片於 1932 年就已經下令被禁止上演，兩者在年代上有些許落差，故後續筆者將針對此年代疑點進行相關考究。

（三）期刊論文

有關於《火燒紅蓮寺》的期刊論文，臺灣及中國大陸合計約有 49 篇相關文獻，其中與《火燒紅蓮寺》有直接關聯性的有 14 篇，以下將筆者所蒐集到之文獻，分為電影脈絡、社會脈絡、武俠脈絡、連環圖脈絡四種主題分述。

黎光容〈《火燒紅蓮寺》及其類型意義〉、鄭培為〈中國第一部長系列片《火燒紅蓮寺》〉、陸茂清〈《火燒紅蓮寺》與武俠電影世界〉、張密珍、廖紅英〈《火燒紅蓮寺》武俠電影的紅寶書〉、朱水兵〈淺析武俠神怪電影對當代中國電影奇觀現象的啟示——以《火燒紅蓮寺》和張藝謀電影為例〉、陸茂清〈中國第一部武俠片《火燒紅蓮寺》〉，這六篇皆針對電影《火燒紅蓮寺》進行論述，分析電影的情節架構與電影的製作過程，以及此部電影對於電影界的重要性。

王見川：〈火燒紅蓮寺電影、小說的流行與「中國佛教會」的護教〉，除了站在社會上佛教的角度觀看《火燒紅蓮寺》以外，也在文中提及《火燒紅蓮寺》確實取材自小說家平江不肖生的長篇小說《江湖奇俠傳》第七十三回至八十一回的內容。

〔註 12〕戴竹筠：〈中國佛教會對「戒淫思想」的弘揚與維護（1949～1990）〉（國立中正大學歷史研究所，碩士論文，2011 年），頁 165、166。

該文並且考據清末筆記《敬孚類稿》發現相關史料，顯示清代在湖南長沙、湘鄉等地流傳巡撫趙恭毅的為官軼事，其中他在長沙嶽附近，破獲寺僧藏奸納汙的事蹟，廣為流傳。不少鄰里優人演唱此曲，名為「火燒紅紗寺」或「火燒紅恩寺」。

而凌玲〈《火燒紅蓮寺》：權威消解與弱者夢幻——兼論二十世紀二十年代大眾心理態勢〉、顧倩〈禁與解禁：《火燒紅蓮寺》舊史新探〉、陳墨〈《火燒紅蓮寺》被禁案的重訴與反思〉、石娟〈文本之外：《火燒紅蓮寺》轟動的外部原因分析〉，則是站在社會角度觀看《火燒紅蓮寺》對當時社會所造成的影響以及討論此電影及小說被政府禁止上演的問題。

吳超〈試論國武俠電影冷兵器影像符號的視覺流變〉、陳霄元〈用「武行」代替「武林」——從《師父》與《火燒紅蓮寺》的互文性談起〉，這兩篇則是針對武林、武術、武行以及電影中所使用的兵器做分析及論述。

吳超所撰寫之內容談及：

> 武俠電影《火燒紅蓮寺》（1928 年），其在拍攝上也主要是脫胎於傳統戲曲藝術，至於「劍光鬥法」的場景，則只需要演員按照舞臺上的兵器道具打鬥套路，後期合成時在膠片上繪出飛劍放光的畫面就可以了。〔註 13〕

由此見得，早期武俠片的武打動作，主要還是取自傳統戲曲的對打套路。

蔡盛琦〈臺灣流行閱讀的上海連環圖畫（1945～1949）〉此篇論文從「連環圖」與「漫畫」的關聯開始進行論述，進而談及在日治時期曾出現在臺灣的上海連環圖，而《火燒紅蓮寺》也在其中：

> 而連環圖畫的租賃，仍以神怪武俠的成分大受歡迎；如《火燒紅蓮寺》、《七劍十三俠》等……。〔註 14〕

此篇期刊論文是為數不多的連環圖研究中，唯一有提及《火燒紅蓮寺》連環圖的相關文獻。

三、戲曲脈絡下《火燒紅蓮寺》相關文獻

小說《江湖奇俠傳》問世後，除了出現在電影及連環圖以外，也出現於戲

〔註 13〕吳超：〈試論中國武俠電影冷兵器影像符號的視覺流變〉，《北京電影學院學報》第 4 期（2011 年），頁 13。

〔註 14〕蔡盛琦：〈臺灣流行閱讀的上海連環圖畫（1945～1949）〉，《國家圖書館館刊》第 1 期（2009 年），頁 82。

曲之中，其中海派京劇、歌仔冊、歌仔戲、布袋戲等劇種，都曾經有過《火燒紅蓮寺》的蹤跡。

對於《火燒紅蓮寺》與戲曲之淵源，最早可以藉由平江不肖生在原著之中的論述找尋到線索，在原著小說《江湖奇俠傳》第八十一回中，平江不肖生談及《火燒紅蓮寺》故事的來源：

> 看官們不要性急，這是千真萬確的一樁故事！諸位不信，不妨找一個湖南唱漢調的老戲子，看是不是有一齣火燒紅蓮寺的戲？這戲在距今三十年前，演得最多；祇是沒有在白天演的。因為滿台火景，必在夜間演來才好看！不過演這齣戲，僅演卜巡撫落難、陸小青見鬼，甘聯珠、陳繼志暗護卜巡撫，與卜巡撫脫難後，火燒紅蓮寺而已。至於知圓和尚的來歷，戲中不曾演出。並且當時看戲的，都祇知道知圓的混名鐵頭和尚，少有知道他法號叫知圓的。〔註 15〕

從作者在《江湖奇俠傳》中的自述中可知，《火燒紅蓮寺》為真實存在的故事，源起於戲曲「漢調」〔註 16〕中的情節，平江不肖生在聽聞其故事內容後才著手進行改編。

然而在過往研究中也對於《火燒紅蓮寺》戲曲來源進行考證，以魏子雲的《看戲與聽戲》及孟瑤《中國戲曲史》佐證「漢劇」為湖北兩大地方戲之一。並以王見川先生在清末筆記《敬孚類稿》發現的相關文獻進行相關考究：

> 《敬孚類稿》顯示清代在湖南長沙、湘鄉等地流傳巡撫趙恭毅的為官軼事。其中它在沙嶽麓山附近，破獲憎寺藏奸納汙的事蹟，廣為流傳。不少鄉裡優人演唱此曲名為「火燒紅紗寺」或為「火燒紅恩寺」。〔註 17〕

經由相關文獻考究後，翁學者認定《火燒紅蓮寺》的段落確實起源於流傳於兩湖之間的「漢劇」。

藉由原著所述之「漢調」，以及翁學者的論述，筆者先對「漢調」劇種作

〔註 15〕平江不肖生：《江湖奇俠傳》，八十一回〈賓朋肆應仗義疏財　湖海飄流浮家泛宅〉，頁 1017。

〔註 16〕百度百科：〈漢劇〉。https://baike.baidu.hk/item/%E6%BC%A2%E5%8A%87/333146，最後檢索日期：2022 年 6 月 29 日。內容述：「漢戲」亦稱「漢調」，即今「漢劇」之前身。流行於湖北漢水一帶的地方戲曲劇種。湖北為古代楚國地界，故在清代道光年間亦稱「漢戲」為「楚調」。」

〔註 17〕翁文義：〈《火燒紅蓮寺》在台灣之研究——以電影、小說、戲劇為討論重點〉（國立臺南大學台灣文化研究所碩士班，碩士論文，2011 年），頁 19。

初步探究，「漢劇」源流行於湖北一帶與原著小說所述湖南一帶「漢調」是否為同一劇種筆另有考究，並於第一章第一節小說中《火燒紅蓮寺》的母題故事淵源內探析之。

依循「漢調」此一線索，筆者翻閱《中國戲曲志・湖南卷》以及《中國戲曲志・湖北卷》皆未查到與《火燒紅蓮寺》、《火燒紅紗寺》、《火燒紅恩寺》的相關文獻記載。

但在《戲考大全》第四冊之中，則有一劇目《紅門寺》〔註18〕（又名：巧拿智空）劇情內容與《火燒紅蓮寺》有其相似之處，但《紅門寺》一劇，在乾隆四十六年（1781）年因服飾問題被下令查禁：

> 又紅門寺一種，扮演本朝服色，應呈請查辦等情。……現在檢出之三種內，紅門寺系用本朝服色。〔註19〕。

後在「花鼓戲」〔註20〕及「湘劇」〔註21〕還是有內容相似之劇目，只是劇名為《大清官》、《火燒洪恩寺》，另在《秦腔劇目初考》中也有與《火燒紅蓮寺》情節相似之劇目《于成龍訪河南》。而花鼓戲以及湘劇皆起源於湖南一帶，故筆者認為原著中所謂的湖南漢調，有可能是指湖南地區的花鼓戲或是湘劇而非漢劇。

麥國安《火燒紅蓮寺》（一至七集），1932 年出版，全集共有七冊。書中內容為《火燒紅蓮寺》可唱念之劇情故事，藉由歌仔冊內容可得知當時《火燒紅蓮寺》的劇情走向。

另外筆者也搜集到了竹林出版社於 1958 年出版之《火燒紅蓮寺》（一至

〔註18〕上海書店出版編：《戲考大全》（全五冊）（上海：上海書店出版，1990 年），頁 953～964。

〔註19〕丁淑梅：《中國古代禁毀戲劇史論》（中國社會科學出版社，2008 年），頁 406。

〔註20〕百度百科：〈花鼓戲〉。https://baike.baidu.hk/item/%E8%8A%B1%E9%BC%93%E6%88%B2/4313，最後檢索日期：2022 年 6 月 29 日。內容述：「『花鼓戲』，中國地方戲曲劇種，是全國地方戲曲中同名最多的劇種，通常特指湖南花鼓戲。湖北、安徽、江西、河南、陝西等省亦有同名的地方劇種。在眾多名為『花鼓戲』的地方戲曲劇種中，屬湖南花鼓戲流傳最廣，影響最大。」

〔註21〕百度百科：〈湘劇〉。https://baike.baidu.hk/item/%E6%B9%98%E5%8A%87/395773，最後檢索日期：2022 年 6 月 29 日。內容述：「『湘劇』，是湖南省的傳統戲曲劇種之一。流行於長沙、湘潭一帶，源出於明代的弋陽腔，後又吸收昆腔、皮黃等聲腔，形成一個包括高腔、低牌子、昆腔、亂彈的多聲腔劇種。劇碼以高腔、亂彈為主，與民間藝術和地方語言巧妙結合，富有湖南民間地方特色。」

七集）歌仔冊古籍，此一古籍文本將做為筆者後續與兩版歌仔戲《火燒紅蓮寺》、《俠女英雄傳》文本分析比較時的重要文獻。《火燒紅蓮寺》歌仔冊的版本相關問題，於本論文中第一章第三節，進行相關議題探析。

馬紹波等人所著之《中國京劇發展史》第二冊第二節〈上海的京劇活動，海派京劇的發展〉中，對於《火燒紅蓮寺》做了部分論述，其中談及了當時在上海共舞臺演出《火燒紅蓮寺》的部分演員名單：

> 共舞臺由毛劍秋、趙松樵、田子文及王少樓、趙君艷、李雪枋等主演了三十餘集連臺本戲《火燒紅蓮寺》，時間長達三年之久。〔註22〕

而北京市藝術研究所上海藝術研究所組織編輯《中國京劇史》中卷中的第二十八章〈淪陷區的京劇（上）〉第二節，講述上海的京劇活動和海派京劇的發展，全面關照上海的京劇發展脈絡，其中對於海派京劇《火燒紅蓮寺》在中國演出之情形，與海派京劇連臺本戲的演出形式也有部分論述：

> 這一時期，與抗戰之前相比，最顯著的特點是演出的劇場多，當時上海所有的京劇劇場都演過連臺本戲，其中如天蟾舞臺、共舞臺等劇場常年上演；由名演員主演的戲多，當時上海的名演員無一不演連臺本戲；機關布景的神聖、劍俠戲多、且演期越來越長，如共舞臺《火燒紅蓮寺》一劇，演期長達三年之久。〔註23〕

藉此得知，在1920～1930年代上海京劇蓬勃發時，海派京劇《火燒紅蓮寺》一劇，曾在上海共舞臺進行長達三年之久的演出，連臺本戲也為當時主流的演出形式。

但海派京劇在發展同時，戲商們為了商業營利，開始將荒誕離奇、色情、恐怖等元素放進表演之中，以吸引觀眾進場看戲，在這樣的情形之下連臺本戲《火燒紅蓮寺》也受其影響：

> 連臺本戲《火燒紅蓮寺》中，有一場戲「僵屍」成了劇中的主角。〔註24〕

這樣荒誕的演出內容不斷出現在當時的神怪戲中，除了影響該劇目的內涵以外，也間接影響了海派京劇的藝術價值。

〔註22〕馬紹波等：《中國京劇發展史〈二〉》（臺北：商鼎文化出版，1991年），頁698。

〔註23〕北京市藝術研究所，上海藝術研究所組織編輯：《中國京劇史》中卷（中國戲劇出版社，1999年），頁1020。

〔註24〕北京市藝術研究所，上海藝術研究所組織編輯：《中國京劇史》中卷（中國戲劇出版社，1999年），頁1024。

趙英勉《戲曲舞臺設計》一書，除去對於《火燒紅蓮寺》舞臺機關布景運用的論述以外，其中也對《火燒紅蓮寺》的情節內容有部份敘述：

> 其中《火燒紅蓮寺》是當時連臺本戲中一個較有代表性的劇碼，故事描寫清代紅蓮寺僧知圓強搶民女，被崑崙派弟子楊天池訪知，意欲懲惡。湖廣巡撫卜文正私訪，被知圓識破遭囚禁。崑崙派柳遲、甘珠妹、陸小青等引兵圍寺，救出卜文正，火燒了紅蓮寺。知圓被迫投靠崆峒派，以後情節便圍繞崑崙派和崆峒派之間的矛盾糾葛和爭鬥展開，約 34 集連臺本戲。〔註 25〕

從此書中對於情節之論述，可以得知當時《火燒紅蓮寺》演出情節架構已經與原著小說開始出現差異性，但大致上劇情走向還是環扣在「寺僧搶奪民女，俠士出手相助」的主旨上。

胡曉軍、蘇毅謹《戲出海上：海派戲劇的前世今生》對上海的戲劇活動做詳盡的論述，戲曲及戲劇皆在此書的談論範疇內，其中在第二章〈請問您愛看啥戲　京劇〉中，從「海派」京劇的起源開始談起至常演劇目及機關舞臺皆有論述，書中提及：

> 從 20 年代至 40 年代，上海京劇連臺本戲演得如火如荼，《火燒紅蓮寺》、《七俠五義》……等大小劇目總數達百部以上。〔註 26〕

而另也提及：

> 連臺本戲《火燒紅蓮寺》取材於平江不肖生的武俠小說《江湖奇俠傳》，主要描繪正義的崑崙派劍俠與邪惡的崆峒派劍客之間的鬥爭，1929 年首演於大世界遊樂場。〔註 27〕

大世界遊樂場建立於 1917 年並在 1930 年轉由青幫老大黃金榮經營，以遊樂園的形式對民眾開放，內部有劇場、電影院、雜耍、餐廳等，無論是在當時還是現在，都為上海知名的地標。

通過上述文獻可知，《火燒紅蓮寺》雖在上海共舞臺演出長達三年之久，但首次上演卻是在上海大世界遊樂場演出。

李松，《樣板戲編年史・前篇：1963～1966 年》此書以年月日的時間順序

〔註 25〕趙英勉主編：《戲曲舞臺設計》（北京：文化藝術出版社，2000 年），頁 95。

〔註 26〕胡曉軍、蘇毅謹：《戲出海上——海戲劇的前世今生》（上海：文匯出版社，2007 年），頁 44。

〔註 27〕胡曉軍、蘇毅謹：《戲出海上——海戲劇的前世今生》（上海：文匯出版社，2007 年），頁 50。

作為史料編排的方式，對「樣板戲」之文本、評論、傳播、政策及演員等相關傳記深入研究。此書的註腳 119 之內容，談及翁偶虹先生曾創作《火燒紅蓮寺》一劇，且《火燒紅蓮寺》為翁偶虹先生的代表劇目之一。

筆者依此線索考查翁偶虹先生相關資料，並且在翁偶虹先生所出版《我的編劇生涯》中觀察到關於《火燒紅蓮寺》相關文獻。

《我的編劇生涯》為翁偶虹先生的自傳式書籍，書中第三章〈映日荷花別樣紅〉提及他曾為戲校學生編寫《火燒紅蓮寺》，上演後連演連滿，天津中國大戲院也邀請戲校學生至天津大戲院做兩期 24 場戲的演出，而《火燒紅蓮寺》在那時的已經以多種樣貌上演等相關論述。

星雲大師《往事百語》在《往事百語 5——永不退票》中〈要我佛教靠我信心〉的篇章，提及當時他來臺灣宣揚佛教時所發生的事情，而其中書寫到：

> 一九四九年至五二年期間，雖沒沒無聞，但也憑著一股「捨我其誰」的奉獻熱誠，為所當為。例如：京劇名旦顧正秋女士在永樂戲院演出「火燒紅蓮寺」，我寫信向她非議劇情誣衊佛教。〔註 28〕

而星雲大師另一部口述自傳式書籍《百年佛緣》的第二冊《百年佛緣 2 生活篇 2》中〈與佛菩薩感應記〉內文提及：

> 有一次，顧正秋女士在永樂戲院演出〈火燒紅蓮寺〉，內容涉及詆毀佛教，我在刊物上寫了一篇〈致顧正秋小姐一封公開信〉表示抗議。當時，顧正秋是劇壇名伶……。〔註 29〕

透過星雲大師來臺宣揚佛教時所留下來的生活記錄，可以得知當時京劇名伶顧正秋女士曾經於臺北永樂座演出《火燒紅蓮寺》的劇目。演出的時間點可能坐落在 1949 年至 1952 年之間，而顧正秋女士在 1946 年創「顧劇團」，於 1948 年受永樂戲院之邀來台演出長達五年，由此可見兩者的時間點是相符合的。

星雲大師在〈要我佛教靠我信心〉書中所述是他寫信致顧正秋女士，而〈與佛菩薩感應記〉中，所述的則是他在刊物上發表〈致顧正秋小姐一封公開信〉。順此線索搜索〈致顧正秋小姐一封公開信〉所發表之刊物，以及書信內容，但並未查到相關記載。

筆者透過與佛光山書信中心聯絡，進而獲得〈致顧正秋小姐一封公開信〉

〔註 28〕星雲大師：《往事百語》（全套六冊）（佛光文化，1999 年），頁 210。

〔註 29〕星雲大師口述／佛光山書記室紀錄：《百年佛緣》（全套十六冊）（佛光文化出版，2013 年），頁 259。

書信內容，以及此篇書信曾於民國39年12月31日，刊登在《覺生》月刊第5、6期合刊上的相關文獻，但其書信內容並未提及顧正秋女士演出《火燒紅蓮寺》對佛教的影響，而是在控訴其他有關詆毀佛教的劇目：

> 從《中央日報》上幾次的看到永樂戲院演「大破能仁寺」的廣告，看過了此戲的在家朋友告訴我，這是說寺廟中設了機關，和尚騙女人的那一套；最近在十月中旬和十一月七日又演什麼叫做「美人魚」的，從廣告上就可以知道是說一個尼姑妙華拋卻經典重入凡塵的故事；扮演尼姑妙華的就是您小姐。我要請問你們：能仁寺在今何處？妙華尼又是哪處的人物？生於何朝？二十四史上有沒有記載？《資治通鑑》上有沒有考證？不然的話，佛教哪能給人無中生有的侮辱呢？你們也該知道，今日的佛教徒正迎頭向著暴風雨的大道上邁進哩！〔註30〕

對於《火燒紅蓮寺》的敘述僅有：

> 這是在好多年前的事了：大陸上有幾家不懂事的戲院子，做什麼「火燒紅蓮寺」、「殺子報」，我想你們唱戲有年的人，也該聽說那些不良的後果。〔註31〕

雖此書信內容對《火燒紅蓮寺》沒有過多的著墨，但藉由星雲大師在字裡行間所透露的情緒可知，當時此劇對社會及佛教皆造成極大的影響。

陳智堯〈鄭金鳳歌仔戲劇藝生涯與表演藝術研究〉主要以鄭金鳳女士做為探討對象，以口述歷史佐研究內容。其中第二章第二節談及鄭金鳳女士因頂替因病無法演出的演員演出《火燒紅蓮寺》逍遙仙姑一角，當時戲班為了營造出火燒的場景，一個晚上約要使用三十多門電光。鄭金鳳女士也因完美詮釋《火燒紅蓮寺》中的逍遙仙姑，演技備受觀眾肯定。除了鄭金鳳女士對於自身演藝過程的論述之外，也談及當時歌仔戲《火燒紅蓮寺》的劇情內容。

蘇秀婷〈臺灣客家採茶戲之發展及其文本形成研究〉零碎的談及《火燒紅蓮寺》在早期的樣貌，比較重要的部分則是談及客家戲《大破丹鳳山》是取材自歌仔戲《火燒紅蓮寺》，並將主要角色更名換姓。

筆者在蒐集戲曲《火燒紅蓮寺》的相關文獻時，大多為海派京劇的文獻資

〔註30〕星雲大師：〈致顧正秋小姐一封公開信〉，《覺生》第5、6期合刊（1950年），頁14。

〔註31〕星雲大師：〈致顧正秋小姐一封公開信〉，《覺生》第5、6期合刊（1950年），頁14。

料，歌仔戲、客家戲的文獻著實不多，故這兩篇學位論文做為筆者研究歌仔戲、客家戲《火燒紅蓮寺》樣貌的重要參考依據。

在〈個別劇團演出《火燒紅蓮寺》等戲受到批評〉（作者不可考）、〈關於《火燒紅蓮寺》的爭論〉（作者不可考）、傅謹〈五十年的禁戲〉這三篇期刊論文則是針對戲曲《火燒紅蓮寺》在當時備受批評的討論，也針對報紙刊登資訊做詳細的論述。

國立傳統藝術中心籌備處《兩岸戲曲回顧與展望研討會論文集（卷 1）》中顧樂真所撰寫〈戲曲：踏在世紀的門檻上——回顧與展望〉的篇章提及，50 年代之後，有些劇團不講究藝術質量，僅靠不健康的劇目（如《殺子報》、《火燒紅蓮寺》等）來牟利、謀生。

〈卓別林喜看《火燒紅蓮寺》〉一篇，則是談論喜劇大師卓別林先生，曾至中國觀看《火燒紅蓮寺》並對其機關布景大力讚揚。

對於《火燒紅蓮寺》表演藝術及舞臺美術之研究，筆者將參考廖瓊枝文教基金會《火燒紅蓮寺》演出實況 DVD 以及薪傳歌仔戲劇團《俠女英雄傳》演出實況錄影，做為參考依據。

四、舞臺機關布（變）景相關文獻

涉及舞臺機關布（變）景的相關文獻其實數量非常龐大，但筆者盡量以與戲曲《火燒紅蓮寺》以及內臺時期相關的機關布（變）景文獻最為主要搜索的對象，並加以分述。

趙英勉主編《戲曲舞臺設計》，談及中國現代機關布景的興起在 1920～1930 年代〔註 32〕，《濟公活佛》、《封神榜》、《狸貓換太子》、《西遊記》、《火燒紅蓮寺》等劇目皆是當時大量使用機關變景的劇目：

> 機關布景由於當時和神鬼、俠客為內容的連臺本戲聯繫在一起，以荒誕、離奇的場面賣弄噱頭招攬觀眾，為了達到盈利的目的，出現畸形、醜惡、恐怖的追求感官刺激的形象，甚至以這些噱頭為全域的核心，劇本結構、戲劇情節、演員表演要服從它的要求，逐步走向脫離生活、脫離內容、有與戲曲表演藝術嚴重脫節的頃向。〔註 33〕

胡曉軍、蘇毅謹《戲出海上——海戲劇的前世今生》中談論海派京劇的機

〔註 32〕趙英勉主編：《戲曲舞臺設計》（北京：文化藝術出版社，2000 年），頁 94～98。
〔註 33〕趙英勉主編：《戲曲舞臺設計》（北京：文化藝術出版社，2000 年），頁 98。

關布景〈機關布景極盡奇巧變換〉一篇中，也對於當時機關布景的運用有詳盡的論述：

> 該劇在共舞臺從 1935 年演到 1939 年，共演出 34 本，號稱有真水、真火、真鷹、真熊出現。換景之頻繁也堪稱一絕，第一本換景 36 堂，第二、三本換景 40 堂，第四本利用熄燈暗轉連換 14 景，最後一幕全用玻璃。〔註 34〕

從以上論述可以得知，在當時戲曲演出已經廣泛運用舞臺機關布景，且對於機關布景的運用非常之熟練，才能在一場演出中換將近 40 次的布景。以現在戲曲舞臺演出來說，一場戲約 8 至 10 幕且通常一幕至多更換 2～3 個景，兩者相較起來，現代戲曲舞臺換景次數是與過去舞臺換景次數無法比擬的。

林幸慧《由申報戲曲廣告看上海京劇發展》透過蒐集《申報》的戲曲廣告相關內容，分析上海京劇在當時的發展樣貌。在書中第五章〈在成熟期趨於定型的上海京劇特徵〉篇章中，談及上海京劇在趨於成熟的階段其演出製作的特徵也日趨明顯。包含極度重視舞臺美術、寫實審美觀、濃厚的「當代性」。並針對當時上海京劇的舞臺美術做詳細的論述，分析當時的戲曲廣告中曾出現對於舞臺美術的論述。

賢驥清《民國時期上海舞台研究》一書完整的論述民初時期上海的劇場圈、舞臺形式以及舞臺美術和機關布景之運用，書中提及：

> 這一時期，最具影響力和代表性的是「四大京劇舞臺」——文明大舞臺、天蟾舞臺、共舞臺和三星舞臺。〔註 35〕

由前述文獻可知《火燒紅蓮寺》曾在極具影響力和代表性的天蟾舞臺及共舞臺上演，並在共舞臺演出長達三年之久。藉此可推論《火燒紅蓮寺》在當時是具有一定影響力的劇目。而書中第四章〈舞台系統與舞台美術〉針對舞臺之場面系統、道具砌末系統、燈彩彩砌系統、機關布景系統、照明燈光系統以及角色戲衣行頭，做了非常詳盡的論述。

其中也提及《火燒紅蓮寺》在當時運用了水景、火景的描述：

> 一般觀點認為，上海舞台較早的效仿西方「水景」，民國時期加以發展，將水法引入機關布景。譬如《火燒紅蓮寺》等劍俠神怪戲中，

〔註 34〕胡曉軍、蘇毅謹：《戲出海上——海戲劇的前世今生》（上海：文匯出版社，2007 年），頁 50。

〔註 35〕賢驥清：《民國時期上海舞台研究》（上海：上海人民出版社，2016 年），頁 80。

舞臺上常常出現水景、火景等所謂的「活景」。〔註 36〕

然而在 1930 年代，海派機關布景達到全盛，在一昧依靠布景不顧及藝術造詣的情況下，海派機關布景逐漸失去舞臺演劇藝術的本質。

而此書除了論述海派機關布景之外，對閩劇機關布景也有論述，故此書將做為筆者研究歌仔戲《火燒紅蓮寺》舞臺美術之重要參考文獻。

綜上述文獻可以得知，在 1930 年代，戲曲舞臺已經將機關布景使用得淋淋盡致，雖後來被許多戲劇家詬病，但不能否認當時舞臺美術的形式至今仍適用於戲曲演出或是戲劇演出之中。

在關機關布（變）景的學位論文中，筆者蒐集了 7 筆相關文獻，做為筆者後續研究參考依據：

洪佩君〈華燈初上：上海新舞臺（1908～1927）的表演與觀看〉、陳慧〈臺灣內台戲舞台美術：源由、發展與實踐〉、余宗巍〈機關布景——二十世紀初期中國傳統戲曲舞美的變革〉、賢驥清〈民國時期上海劇場研究（1912～1949）〉、李旭〈中國戲曲舞台布景的演變研究〉、高美瑜〈二十世紀上半葉海派京劇研究（1900～1949）〉、簡妤蓁〈台灣內台戲舞台美術研究〉，上述學位論文皆針對戲曲舞臺美術有詳盡之論述。

筆者詳閱上述文獻後，著重參考陳慧〈臺灣內台戲舞台美術：源由、發展與實踐〉以及簡妤蓁〈台灣內台戲舞台美術研究〉這兩篇針對臺灣內臺時期舞臺美術以及歌仔戲內臺演出形式研究之論文。

陳慧，本身為劇場相關工作者，故論文內除了理論以外也以實務經驗佐證其研究內容，論文中研究者自行繪製了舞臺圖以便觀者理解舞臺樣貌。而簡妤蓁，則是針對內臺時期的舞臺美術及歌仔戲演出形式做詳盡探究。

透過四個部分之文獻探討，筆者將在學者所建立的基礎上，繼而對以下議題加以延伸分析：

（一）小說《江湖奇俠傳》中「火燒紅蓮寺」情節改編、移植劇目探究

（二）歌仔戲文本、情節結構分析

（三）《火燒紅蓮寺》及《俠女英雄傳》戲曲表演藝術比較分析

（四）《火燒紅蓮寺》及《俠女英雄傳》舞臺美術與劇場技術運用

希冀深入瞭解歌仔戲《火燒紅蓮寺》、《俠女英雄傳》的文本、表演藝術、舞臺美術以及探究戲曲《火燒紅蓮寺》的淵源。

〔註 36〕賢驥清：《民國時期上海舞台研究》（上海：上海人民出版社，2016 年），頁 168。

第三節　研究方法與步驟

筆者預計撰寫論文時將使用七種研究方法，包含：文獻研究法、歷史研究法、比較文學影響研究、文本分析法、表演藝術學研究法、圖像學研究法、田野調查等，以下將研究法預計使用方式一一列出並敘述內容。

一、研究方法

（一）文獻學研究法

杜澤遜在《文獻學概要》〔註37〕書中闡述文獻學是以文獻為本體的學問，也可以說是關於文本的學問，其主要範圍為研究文獻的型態、文獻的整理方法、文獻的鑑別、文獻的類別與編目、文獻形成發展的歷史等等。

在研究過程中，筆者將透過蒐集國內外學者編著之專書及出版文章、博碩士論文、期刊論文、報章資料、網路資料及影音媒體資料。

對原著小說《火燒紅蓮寺》及其改編為漢調、海派京劇、福州戲、歌仔戲等戲曲版本之《火燒紅蓮寺》、《俠女英雄傳》資料進行閱讀與整理。

從中涉取相關訊息。藉由文獻資料瞭解《火燒紅蓮寺》從清朝時期至今的流變過程，希冀能對原著至文本至戲曲之間的詮釋有更詳細的認知。

（二）歷史研究法

謝寶煖〈歷史研究法及其在圖書資訊學之運用〉〔註38〕歷史研究法是運用科學的方法，收集過去的事實考證其正確性和價值，加以系統的分析綜合。

以嚴謹的態度尋求其變化與因果關係，並加以合理的解釋，以重建過去，並作為當代人的指導和未來的借鑒。

筆者將廣蒐《江湖奇俠傳》及《火燒紅蓮寺》相關文獻，藉由歷史研究法，針對歷史文獻內容進行考證及分析，藉以重建此作品在當時的樣貌，以利筆者建立對於此作品、劇目正確之史觀。

（三）淵源學研究

提格亨說：

源流學的這一部份，在用源流學這幾個字的更廣泛的觀念說來，可

〔註37〕杜澤遜：《文獻學概要》（中華書局出版，2001年），頁4。

〔註38〕謝寶煖：〈歷史研究法及其在圖書資訊學之運用〉，《中國圖書館學會會報》第62期（1999年6月），頁37。

以和「主題」的源流繫在一起：一齣戲曲，一篇短篇小說，一部長篇小說之最初的意想或局面……。〔註39〕

筆者將藉由文獻資料，運用比較文學之淵源學研究，針對戲曲版本《火燒紅蓮寺》進行源流之探究。

（四）文本分析法

原著小說與歌仔戲版《火燒紅蓮寺》、歌仔戲版《俠女英雄傳》文本及劇本為本研究在第二章節所要重點論述之內容，筆者將透過文本分析法，針對原著作品《江湖奇俠傳》、歌仔戲兩版本之劇本，分析其情節架構並且剖析角色人物的動機及行動。

（五）表演藝術研究法

筆者將藉由表演藝術研究法針對此劇目在編劇、導演手法、演員表演、音樂運用及服裝設計做《火燒紅蓮寺》、《俠女英雄傳》兩種演出版本的劇目呈現深入探究。

（六）圖像學研究法

藉由圖像學研究法分析《火燒紅蓮寺》及《俠女英雄傳》演出所用之舞臺軟景、舞臺硬景、舞臺相關道具與燈光、投影畫面以及演員服裝造型、演員容妝等相關圖像、畫面，企圖研究其相關圖像、畫面在作品中的涵義，及如何藉由舞臺畫面、演員裝扮等傳達給觀眾非語言、潛在之訊息。

（七）田野調查

本研究將藉由田野調查法針對兩部分做深入訪談，第一部份將針對 2011 年廖瓊枝基金會歌仔戲所演出《火燒紅蓮寺》及 2017 年薪傳歌仔戲劇團所演出《俠女英雄傳》的製作群，從製作人、編劇、導演、舞臺設計、演員及相關部門行政工作者，作一連串的訪談，藉此更進一步瞭解廖瓊枝基金會在創作《火燒紅蓮寺》的過程以及薪傳歌仔戲再現《俠女英雄傳》之間的差異性。

第二部分將針對臺灣內臺歌仔戲時期的《火燒紅蓮寺》演出情況，訪談幾位曾經經歷過該時期的老藝師，藉由老藝師口述歷史得知當時此劇目與現在所搬演之差異性。

〔註39〕提格亨著、戴望舒譯：《比較文學論》（臺北：新人人文庫出版，1995 年），頁 147。

二、研究步驟

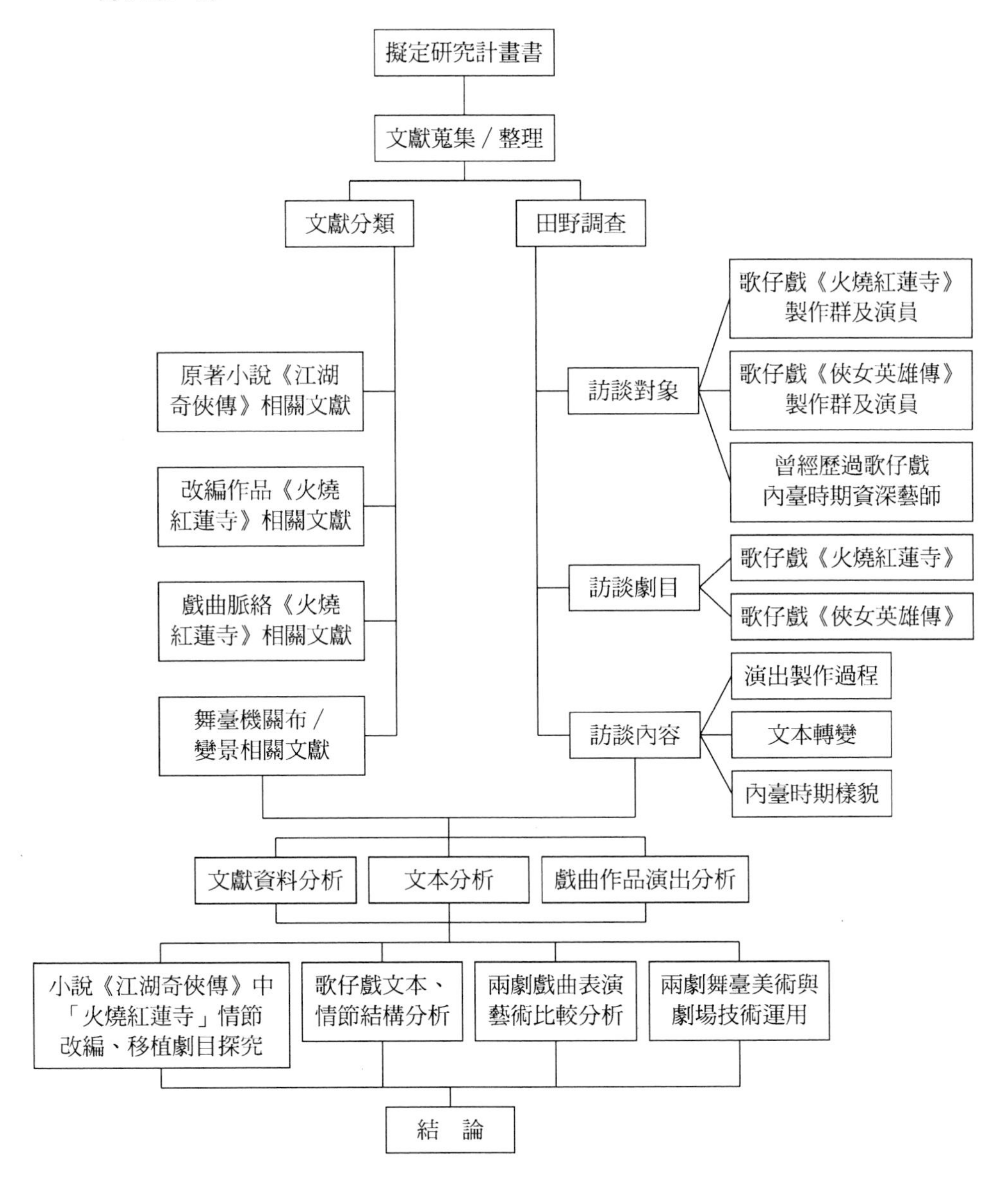
擬定研究計畫書
文獻蒐集／整理
文獻分類
田野調查
原著小說《江湖奇俠傳》相關文獻
改編作品《火燒紅蓮寺》相關文獻
戲曲脈絡《火燒紅蓮寺》相關文獻
舞臺機關布／變景相關文獻
訪談對象
歌仔戲《火燒紅蓮寺》製作群及演員
歌仔戲《俠女英雄傳》製作群及演員
曾經歷過歌仔戲內臺時期資深藝師
訪談劇目
歌仔戲《火燒紅蓮寺》
歌仔戲《俠女英雄傳》
訪談內容
演出製作過程
文本轉變
內臺時期樣貌
文獻資料分析
文本分析
戲曲作品演出分析
小說《江湖奇俠傳》中「火燒紅蓮寺」情節改編、移植劇目探究
歌仔戲文本、情節結構分析
兩劇戲曲表演藝術比較分析
兩劇舞臺美術與劇場技術運用
結　論

第一章　小說《江湖奇俠傳》中「火燒紅蓮寺」情節改編、移植劇目探究

平江不肖生所著之小說《江湖奇俠傳》問世後，掀起民初時期武俠小說文壇風潮，也被視為近代武俠小說之先驅，其文學創作據有獨特的個人特色及濃厚的湖湘地方色彩。

小說中的情節題材，大多來自於民間傳奇、歷史事件、清人筆記等作為創作依據，而《江湖奇俠傳》中「火燒紅蓮寺」故事情節，為小說著重描述的主線情節之一。以《江湖奇俠傳》中「火燒紅蓮寺」為故事情節依據所改編的電影《火燒紅蓮寺》，於 1928 年上映，電影上映後造成極大轟動，相關情節作品也相繼出現於連環圖、戲曲、電視劇之中。

此章節試圖梳理《江湖奇俠傳》中「火燒紅蓮寺」之母題淵源，並針對此情節延伸出的相關作品、劇目進行版本研究。影視作品以《火燒紅蓮寺》電影作為研究主軸，戲曲作品將焦點放至海派京劇劇目、歌仔冊劇目、歌仔戲劇目，進行論析。

第一節　小說中《火燒紅蓮寺》的母題故事淵源

平江不肖生在創作《江湖奇俠傳》時，小說中所使用之情節題材，大多來自於民間傳奇、歷史事件、清人筆記等為創作依據：

> 平江初撰《江湖奇俠傳》時，對自己作品所要強調的精神內涵，似尚沒有清晰的自覺意識，所以摭拾了民間械鬪、幫派火拚、清末軼

事、少林掌故、江湖奇談、劍俠法術等各項不同傳聞，只求生動熱熾，不免牽合拼湊，但敘事繁而不亂，佈局亦甚巧妙，一卷成名，並非倖致。〔註1〕

整體《江湖奇俠傳》之內容，可以將主要情節分為三大部分：

第一部分為平江、瀏陽兩縣的居民爭水路碼頭趙家坪的情節，此情節在現實中真有其事。

「打趙家坪」原本指的是平江、瀏陽兩縣的居民，為了爭奪一塊叫做「趙家坪」的大平原，年年發動武裝械鬥，在械鬥過程中不論死活、官府無法插手械鬥之事。平江不肖生將此真實事件，改寫進《江湖奇俠傳》之中，並將虛擬的崑崙、崆峒兩派的俠士加入爭奪趙家坪的情節之中，豐富小說故事性與虛實相生性。

第二部分則是「火燒紅蓮寺」之情節段落。

第三部分為張汶祥刺馬案之情節，張汶祥刺馬案指的是清末張汶祥刺殺兩江總督馬新貽的歷史事件，此案疑霧重重，廣為流傳，成為晚清的四大奇案之一。馬新貽被刺後，即有〈刺馬案〉戲文上演。平江不肖生將刺馬案融入小說之中，提及前人所著之小說、戲劇，並未將真實過程寫出來，由平江不肖生自述可見他意欲為此案翻盤的念頭。

關於《火燒紅蓮寺》的母題故事淵源，依據原著小說內容以及前人之研究，可以確定《火燒紅蓮寺》母題故事淵源與傳統戲曲有著密切的關聯性。在平江不肖生在原著中的論述即可發現《火燒紅蓮寺》與戲曲相關之線索，原著小說《江湖奇俠傳》第八十一回中，平江不肖生談及《火燒紅蓮寺》故事的來源：

看官們不要性急，這是千真萬確的一樁故事！諸位不信，不妨找一個湖南唱漢調的老戲子，看是不是有一齣火燒紅蓮寺的戲？這戲在距今三十年前，演得最多；衹是沒有在白天演的。因為滿臺火景，必在夜間演來才好看！不過演這齣戲，僅演卜巡撫落難、陸小青見鬼，甘聯珠、陳繼志暗護卜巡撫，與卜巡撫脫難後，火燒紅蓮寺而已。至於知圓和尚的來歷，戲中不曾演出。並且當時看戲的，都衹知道知圓的混名鐵頭和尚，少有知道他法號叫知圓的。〔註2〕

〔註 1〕陳曉林：〈民俗文學的源流與武俠小說的定位——兼介葉批《近代中國武俠小說名著大系》〉，《江湖奇俠傳》卷一（臺北：聯經出版社，1984 年），頁 14。

〔註 2〕平江不肖生：《江湖奇俠傳四》，八十一回〈賓朋肆應仗義疏財　湖海飄流浮家泛宅〉，頁 1017。

從作者在《江湖奇俠傳》中的自述內容可知，《火燒紅蓮寺》為真實存在的故事，源起於戲曲「漢調」〔註3〕中〈火燒紅蓮寺〉相關的戲文內容。平江不肖生在聽聞其故事內容後，將此作為改編題材，著手進行改編創作並融入《江湖奇俠傳》中，增添小說情節除了械鬥素材之外的奇幻性。

翁文義在〈《火燒紅蓮寺》在臺灣之研究——以電影、小說、戲劇為討論重點〉一文的討論中，對《火燒紅蓮寺》母題來源進行考證，以魏子雲的《看戲與聽戲》及孟瑤《中國戲曲史》佐證「漢劇」為湖北兩大地方戲之一。

王見川先生在清末筆記《敬孚類稿》發現的相關文獻進行相關考究：

> 《敬孚類稿》顯示清代在湖南長沙、湘鄉等地流傳巡撫趙恭毅的為官軼事。其中它在沙嶽麓山附近，破獲憎寺藏奸納汙的事蹟，廣為流傳。不少鄉裡優人演唱此曲名為「火燒紅紗寺」或為「火燒紅恩寺」。〔註4〕

經由相關文獻考究後，前研究者認定《火燒紅蓮寺》的段落確實起源於流傳於兩湖之間的「漢劇」。藉由原著所述之「漢調」，以及翁文義學者的論述，筆者先對「漢調」劇種做初步探究：

> 因形成湖北武漢一帶而得名。清中葉流行。一說即為楚腔，因楚為漢別名。或云：「是發展了的楚腔」。……廣東外江戲也稱漢調。今漢調則專指漢劇。〔註5〕

劇種起源於湖北武漢一帶，「漢調」與「楚腔」為同一源流，文獻顯示，一種說法為漢調即是楚腔，另一種說法則是漢調為發展後的楚腔。無論是哪一種說法，兩者皆有著不可分割的關係。再者，筆者於《戲曲曲藝》一書中，探究兩者之間的關聯性，認為「楚調」、「漢調」、「漢劇」、「漢戲」，皆為同一種劇種：

> 流行於湖北省境內長江、漢水流域及河南、湖南、陝西、四川等部分地區。……湖北舊稱楚調、漢調，1912 年後改稱漢劇或漢戲。〔註6〕

「漢調」與「楚調」為湖北一帶早期的說法，後改稱「漢劇」或是「漢戲」。該

〔註 3〕「漢戲」亦稱「漢調」，即今「漢劇」之前身。流行於湖北漢水一帶的地方戲曲劇種。湖北為古代楚國地界，故在清代道光年間亦稱「漢戲」為「楚調」。

〔註 4〕翁文義：〈《火燒紅蓮寺》在臺灣之研究——以電影、小說、戲劇為討論重點〉（國立臺南大學臺灣文化研究所碩士班，碩士論文，2011 年），頁 19。

〔註 5〕齊森華、陳多、葉長海主編：《中國曲學大辭典》（浙江：浙江教育出版社，1997 年），頁 61。

〔註 6〕國大百科全書總編輯委員會《戲曲　曲藝》編輯委員會：《中國大百科全書——戲曲　曲藝》（上海：中國大百科全書出版社，1983 年），頁 108。

劇種起源於湖北一帶，並流播至河南、湖南等地。將此一「漢劇」源流描述與原著小說所述湖南一帶「漢調」相互對照，並無不妥之處。

若依循「漢調」此一線索深入探究，筆者翻閱《中國戲曲志・湖南卷》以及《中國戲曲志・湖北卷》皆未查到與《火燒紅蓮寺》、《火燒紅紗寺》、《火燒紅恩寺》的相關文獻記載。但在記載「京劇」〔註7〕劇目的《戲考大全》第四冊之中，查閱到劇目《紅門寺》〔註8〕（又名：巧拿智空）的劇情內容與《火燒紅蓮寺》有非常大的相似之處，其劇情梗概如下：

> 涿州紅門寺主持法炳不守清規，常誘占入廟婦女。農民李祿伴妻劉氏歸寧，在廟前憩足，被法炳誘入，逼婚不從，囚禁廟中。李父三旺尋子，恰遇劉父劉玉，互索子女，因而相爭，控于州官張康侯，張審判不明，總督于成龍親訊，亦無頭緒，於私訪至紅門寺，為法炳識破，擒縛于大鐘之下。行轅部將四出尋訪，至紅門寺，聞鐘下有聲，救出於成龍，以兵圍寺，擒獲法炳，李祿夫婦脫難。〔註9〕

《紅門寺》一劇，在乾隆四十六年（1781）年因服飾問題被下令查禁：

> 又紅門寺一種，扮演本朝服色，應呈請查辦等情。……現在檢出之三種內，紅門寺系用本朝服色〔註10〕。

另外，在「花鼓戲」〔註11〕及「湘劇」〔註12〕也有其內容相似之劇目，劇

〔註7〕百度百科：〈京劇〉。https://baike.baidu.hk/item/%E4%BA%AC%E5%8A%87/75719，最後檢索日期：2022年6月29日。內容述：「『京劇』又稱平劇、京戲，是中國影響最大的戲曲劇種，分佈地以北京為中心，遍及全國各地。清代乾隆五十五年（1790）起，原在南方演出的三慶、四喜、春臺、和春四大徽班陸續進入北京，與來自湖北的漢調藝人合作，同時接受了昆曲、秦腔的部分劇碼、曲調和表演方法，又吸收了一些地方民間曲調，通過不斷的交流、融合，最終形成京劇。」

〔註8〕上海書店出版編：《戲考大全》（全五冊）（上海：上海書店出版，1990年），頁953～964。

〔註9〕京劇劇目考略：《紅門寺》（2006年1月14日），檢索日期：2020年6月30日，http://repertoire.xikao.com/item/%E7%BA%A2%E9%97%A8%E5%AF%BA。

〔註10〕丁淑梅：《中國古代禁毀戲劇史論》（中國社會科學出版社，2008年），頁406。

〔註11〕百度百科：〈花鼓戲〉。https://baike.baidu.hk/item/%E8%8A%B1%E9%BC%93%E6%88%B2/4313，最後檢索日期：2022年6月29日。內容述：「『花鼓戲』，中國地方戲曲劇種，是全國地方戲曲中同名最多的劇種，通常特指湖南花鼓戲。湖北、安徽、江西、河南、陝西等省亦有同名的地方劇種。在眾多名為『花鼓戲』的地方戲曲劇種中，屬湖南花鼓戲流傳最廣，影響最大。」

〔註12〕百度百科：〈湘劇〉。https://baike.baidu.hk/item/%E6%B9%98%E5%8A%87/395773，最後檢索日期：2022年6月29日。內容述：「『湘劇』，是湖南省的

名為《大清官》、《火燒洪恩寺》，另在記載「秦腔」〔註13〕劇目的《秦腔劇目初考》中也有與《火燒紅蓮寺》情節相似之劇目《于成龍訪河南》。

筆者將京劇《紅門寺》與秦腔《于成龍訪河南》之劇情相互比較後，認為兩劇目為相同的故事情節，僅在劇名使用上呈現差異。

根據上述曾出現過相關劇目之五種劇種「漢劇」、「秦腔」、「花鼓戲」、「湘劇」、「京劇」，以地域性作為區分與原著中湖南一帶相比對，相關性最高為起源於湖南一帶的花鼓戲以及湘劇，次之為主要流行於湖北及湖南等地之漢劇，再者為秦腔，最後則是京劇。經由王見川先生發現的清末筆記《敬孚類稿》中「在湖南長沙、湘鄉等地流傳巡撫趙恭毅的為官軼事。其中它在沙嶽麓山附近，破獲憎寺藏奸納汙的事蹟，廣為流傳。」〔註14〕敘述相較，可以確定《江湖奇俠傳》中「火燒紅蓮寺」之情節，確實源自於湖南地區的軼事。但原著中所謂的湖南漢調，筆者認為有極大可能性是為源起於湖南地區的花鼓戲或是湘劇而非是源起於湖北一帶之漢劇。

第二節　影視作品

以《江湖奇俠傳》作為故事情節依據的改編電影《火燒紅蓮寺》於1928年上映，電影上映後造成極大轟動，直至被禁演之前一共拍攝了十八集。《火燒紅蓮寺》影響力之大，後續不斷出現「火燒」相關情節之電影，引領當時風潮也開啟了中國影壇拍攝「火燒片」的熱潮。

一、電影《火燒紅蓮寺》故事情節

電影《火燒紅蓮寺》的第一集，根據《江湖奇俠傳》中一個片段所改編而成，由鄭正秋擔任編劇，張石川為導演，董克毅攝影，鄭小秋、夏佩珍等人皆

傳統戲曲劇種之一。流行於長沙、湘潭一帶，源出於明代的弋陽腔，後又吸收昆腔、皮黃等聲腔，形成一個包括高腔、低牌子、昆腔、亂彈的多聲腔劇種。劇碼以高腔、亂彈為主，與民間藝術和地方語言巧妙結合，富有湖南民間地方特色。」

〔註13〕百度百科：〈秦腔〉。https://baike.baidu.hk/item/%E7%A7%A6%E8%85%94/596，最後檢索日期：2022年6月29日。內容述：「『秦腔』，別稱『梆子腔』，中國漢族最古老的戲劇之一，起於西周，源於西府，核心地區是陝西省寶雞市的岐山（西岐）與鳳翔（雍城），成熟于秦。為中國國家級非物質文化遺產之一。」

〔註14〕翁文義：〈《火燒紅蓮寺》在臺灣之研究——以電影、小說、戲劇為討論重點〉（國立臺南大學臺灣文化研究所碩士班，碩士論文，2011年），頁19。

為當時電影的主要演員。

位於湖南瀏陽、平江兩縣交界處的趙家坪，是歷史上有名的械鬥之地。瀏陽縣地方把頭陸風陽在一次械鬥中吃了虧，便託人介紹，讓兒子陸小青拜崑崙派大師學習武功。自幼多病的陸小青學成後返回家鄉，後父母去世，便再次離家出遊尋師。

某日，陸小青至紅蓮古寺借宿，發現殿中許多鬼影向佛像禮拜，走近一看，蓮座後面有一深穴，惡臭逼人。寺中的知客僧見陸小青發現了他的秘密，便威脅他歸順寺廟，受戒為僧。陸小青不肯，知客僧欲殺小青，後見小青頗有武功，遂忽然遁去。小青欲出古寺，卻發現四週都是鐵壁。危急中，俠士柳遲從屋頂破梁而入，救出小青。

路上，二人遇見軍官趙振武，趙正在尋找失蹤的長官卜文正。原來卜文正為官清正，私訪時被紅蓮寺的知客僧劫持，扣在一銅鐘內，要把他活活餓死。柳、陸讓趙振武回去搬兵，自己返回紅蓮寺打探情況，路上又遇到了紅蓮寺的廟主常德慶。常德慶發出的掌心雷令柳、陸無力招架，幸得女俠甘聯珠趕來相助，使出梅花針絕技，打敗了常德慶。

此時，趙振武已引兵圍住紅蓮寺，經過一場激戰，眾人救出卜文正，破了地穴，但知圓、知客二僧等卻從地道中逃跑了。最後，巡撫卜文正下令放火燒掉紅蓮寺，此事件就此落幕。

二、電影《火燒紅蓮寺》創作背景

1927 至 1928 年間，武俠片、古裝片等商業電影進行大規模製作，電影商業化的規模也逐漸擴大，中國電影工業以前所未有的速度繁榮發展。

在快速發展之下，由於缺乏應有之行業規則，因而也產生了不少投機取巧之公司，使得當時中國產片的藝術質量和技術水平大大下降。

在競爭激烈的電影業中，出現了使用「子片」代替「母片」、用簡陋的道具場景以外景消耗底片去壓低製作成本的現象，在這樣的競爭環境之下，墨守成規的大公司逐漸失利。當時的明星公司也為了應付此現象，採取了相對應之方法：

> 明星公司為了對付這些小而可惡的對手，採取了兩種方法，一是由周劍雲寫文章發表在自己辦的《明星特刊》上大聲疾呼，反對粗製濫造，爭取社會輿論的同情。一是由石川動腦筋，想新噱頭，邁過

所有的公司前頭去。〔註15〕

明星公司所提出之兩種方法，也成為了電影《火燒紅蓮寺》創作的開端，在其它電影公司還在相互抄襲對方作品時，張石川具有前瞻性的將目光落到了平江不肖生所著《江湖奇俠傳》上面。1928 年，明星公司因公司嚴重虧損的情況下，開始著手進行改編《江湖奇俠傳》，拍攝電影《火燒紅蓮寺》。

1928 年 5 月 13 日《火燒紅蓮寺》於上海中央大戲院首映，其獨特的情節加上呈現空中飛騰、眾仙鬥劍等把戲，展現武俠世界的奇幻色彩，受到廣大群眾熱烈回響，明星公司也藉著此熱度開拍續集：

> 《火燒紅蓮寺》的熱映，不僅使得明星公司扭虧為盈，也讓明星公司的老闆兼導演張石川終於找到了一條開發財源之路，於是當即決定開拍《火燒紅蓮寺》續集，而且，續集一拍就是二十本，相當於上下集。這個續集仍然火爆。於是，明星公司一續再續，而《火燒紅蓮寺》居然一直「紅火」下去：1928 年拍攝了第一至第三集；1929 年拍攝了第四至九集；1930 年拍攝了第十至第十六集；1931 年拍攝了第十七、第十八兩集。〔註16〕

短短四年間《火燒紅蓮寺》一共拍攝了十八集，其火紅程度也讓張石川萌生了一個宏大的構想，就是將此部電影拍攝至三十六集，但此宏願並未完成，《火燒紅蓮寺》的紀錄也止於第十八集。1932 年政府下令查禁《江湖奇俠傳》與其相關作品《火燒紅蓮寺》，認為此片有違中國傳統文化，並禁止神怪武俠類型電影的發展：

> 甚至到 1932 年 6 月 9 日，電檢會又通過教育、內政兩部發文，認為《江湖奇俠傳》一書內容「荒誕不經，有為黨義，不准登記在案，自應一體察禁，以免流毒社會」；認定《火燒紅蓮寺》取材此書，傳播之廣更為嚴重，禁止該片全部映演。〔註17〕

《火燒紅蓮寺》一劇從上映至被禁毀僅歷時四年時間，但此部作品對於中國影壇卻是一個歷史性的存在，不僅為中國影壇開創了一個新的類型——神怪武俠片，也為此類型建立了基本的模式，除了在中國電影界紛紛被效仿之外，神怪武俠片所引起的風潮也傳至香港，影響了粵語電影神怪武俠片之發展。《火

〔註15〕陳墨：《中國武俠電影史》（臺北：風雲時代出版，2006 年），頁 48。

〔註16〕陳墨：《中國武俠電影史》（臺北：風雲時代出版，2006 年），頁 50。

〔註17〕塗翔文：《與電影過招：華語武俠類型電影論》（高雄市電影館出本，2018 年），頁 66。

燒紅蓮寺》的一把火，點燃了中國影壇的一片「火紅」，也形成了「火燒片」的獨特類型。

第三節　戲曲作品

平江不肖生所撰寫《江湖奇俠傳》開始於上海雜誌連載後，隨著該原著小說作品越來越火紅，上海便開始出現了以《江湖奇俠傳》內容作為改編依據的相關戲曲作品，海派京劇連臺本戲《火燒紅蓮寺》的戲碼，便是當時常見於戲曲表演藝術圈的戲齣。

小說《江湖奇俠傳》中「火燒紅蓮寺」源起於民間戲曲傳唱之戲文，而電影《火燒紅蓮寺》問世後，除了出現在電影及連環圖以外，也回流影響、出現於戲曲不同劇種之中，其中中國海派京劇、臺灣歌仔冊、臺灣歌仔戲、臺灣客家戲、臺灣布袋戲等，皆曾經出現過《火燒紅蓮寺》的身影。

一、海派京劇《火燒紅蓮寺》

傳統京劇流傳至上海，後逐漸發展形成了上海獨具特色的海派京劇，海派京劇初形成時一度遭到保守派詬病，並被排除於正統京劇之外，但海派京劇並未脫離京派本質，而是在其藝術規範上有所發展。而相較於京派京劇，海派京劇更加順應時代潮流，適應觀眾之需求：

> 海派京劇形成於清同光年間，至二十世紀二十年代已成近代上海都市文化的重要組成部分。同傳統的京朝派京劇相比，海派京劇表現出了獨具的藝術個性，它長於順應時代的潮流，適應觀眾的要求，廣採博納，突破成規，大膽創新，劇目題材內容廣泛，表現形式豐富多樣，演劇風格熱烈、華美、真切、新穎。〔註18〕

海派京劇之發展於1930年代進入全盛時期，此時也是電影《火燒紅蓮寺》上映的年代，電影的轟動，也對於海派京劇所演出之劇目有極大的影響，隨著電影上映，海派京劇也推出了《火燒紅蓮寺》的劇目，以連臺本戲的方式大量上演：

> 這一時期，與抗戰之前相比，最顯著的特點是演出的劇場多，當時上海所有的京劇劇場都演過連臺本戲，其中如天蟾舞臺、共舞臺等

〔註18〕馬紹波等：《中國京劇發展史〈二〉》（臺北：商鼎文化出版，1991年），頁710。

> 劇場常年上演；由名演員主演的戲多，當時上海的名演員無一不演連臺本戲；機關布景的神聖、劍俠戲多、且演期越來越長，如共舞臺《火燒紅蓮寺》一劇，演期長達三年之久。〔註19〕

由上文獻得知，在1920～1930年代上海京劇蓬勃發時，海派京劇《火燒紅蓮寺》一劇，曾在上海共舞臺進行長達三年之久的演出，連臺本戲也為當時主流的演出形式。趙英勉在《戲曲舞臺設計》書中，針對此時《火燒紅蓮寺》的劇情進行概略的論述：

> 其中《火燒紅蓮寺》是當時連臺本戲中一個較有代表性的劇碼，故事描寫清代紅蓮寺僧知圓強搶民女，被崑崙派弟子楊天池訪知，意欲懲惡。湖廣巡撫卜文正私訪，被知圓識破遭囚禁。崑崙派柳遲、甘珠妹、陸小青等引兵圍寺，救出卜文正，火燒了紅蓮寺。知圓被迫投靠崆峒派，以後情節便圍繞崑崙派和崆峒派之間的矛盾糾葛和爭鬥展開，約34集連臺本戲。〔註20〕

上述劇情中，可以得知當時《火燒紅蓮寺》演出情節架構已經與原著小說開始出現差異性，但大致上劇情走向還是環扣在「寺僧搶奪民女，俠士出手相助」的主旨上。

海派京劇在發展同時，戲商們為了商業營利，開始將荒誕離奇、色情、恐怖等元素放進表演之中，以吸引觀眾進場看戲，在這樣的情形之下連臺本戲《火燒紅蓮寺》也受其影響：

> 連臺本戲《火燒紅蓮寺》中，有一場戲「僵屍」成了劇中的主角。〔註21〕

這樣荒誕的演出內容不斷出現在當時的神怪戲中，除了影響該劇目的內涵以外，也間接影響了海派京劇的藝術價值。

另外，通過當時的報紙廣告可以一窺《火燒紅蓮寺》的演出脈絡。

由下圖（圖1-1～圖1-6）當時所留下來的報章資料顯示，1930年1月9日至14日，至少連續六天的時間，《江湖奇俠傳》改編之火燒紅蓮寺故事情節，於「大世界乾坤大劇場」上演。

〔註19〕北京市藝術研究所，上海藝術研究所組織編輯：《中國京劇史》中卷（中國戲劇出版社，1999年），頁1020。

〔註20〕趙英勉主編：《戲曲舞臺設計》（北京：文化藝術出版社，2000年），頁95。

〔註21〕北京市藝術研究所，上海藝術研究所組織編輯：《中國京劇史》中卷（中國戲劇出版社，1999年），頁1024。

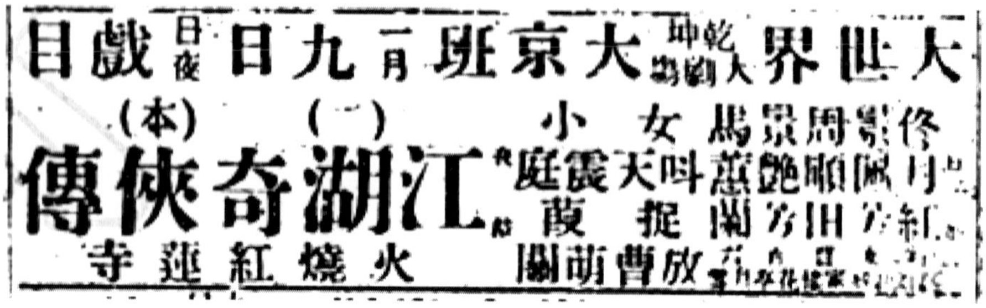

圖 1-1：上海舞台一月九日日夜戲〔註 22〕

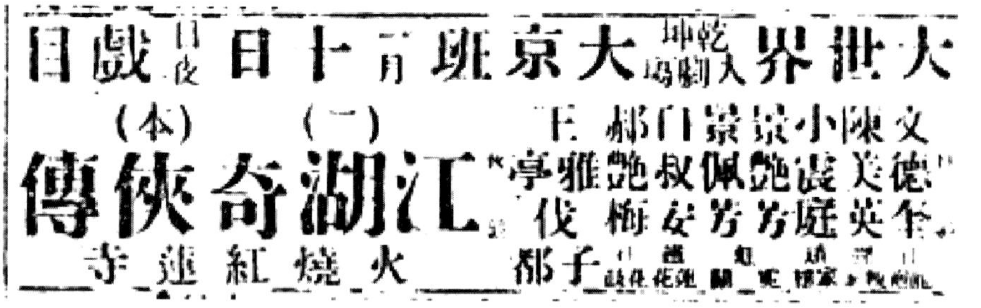

圖 1-2：林記更新舞台一月十日日夜戲〔註 23〕

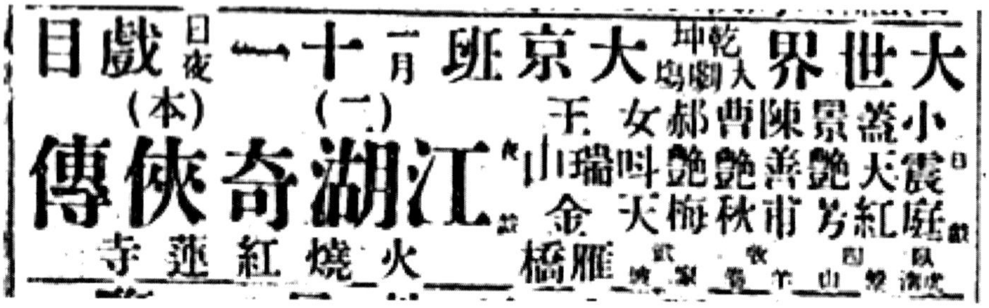

圖 1-3：榮記大舞台一月十一日日夜戲〔註 24〕

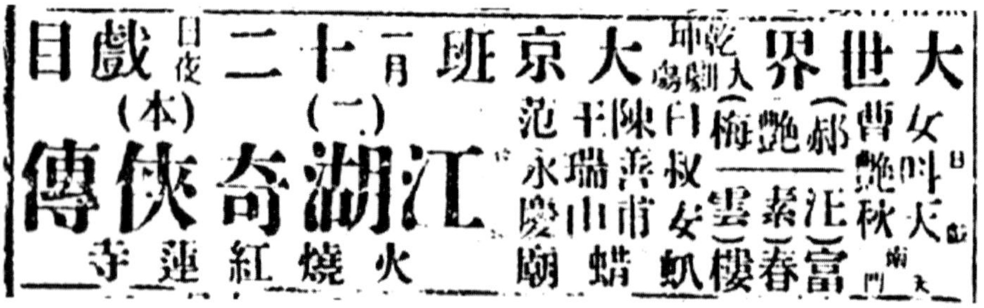

圖 1-4：榮記大舞台一月十二日日夜戲〔註 25〕

〔註 22〕圖片出處：申報，版次：23，1930 年 1 月 9 日。

〔註 23〕圖片出處：申報，版次：23，1930 年 1 月 10 日。

〔註 24〕圖片出處：申報，版次：25，1930 年 1 月 11 日。

〔註 25〕圖片出處：申報，版次：25，1930 年 1 月 12 日。

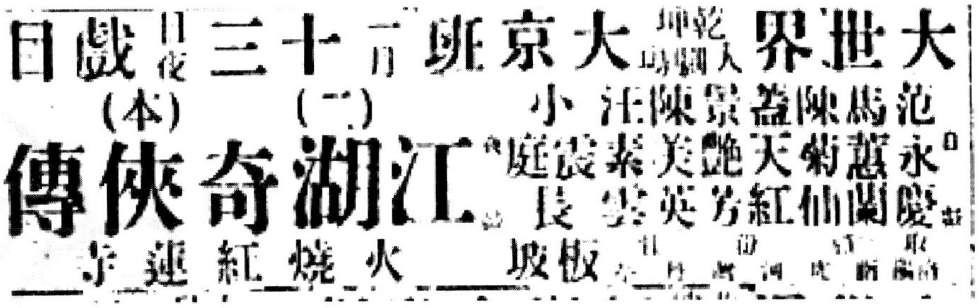

圖 1-5：林記更新舞台一月十三日日夜戲〔註 26〕

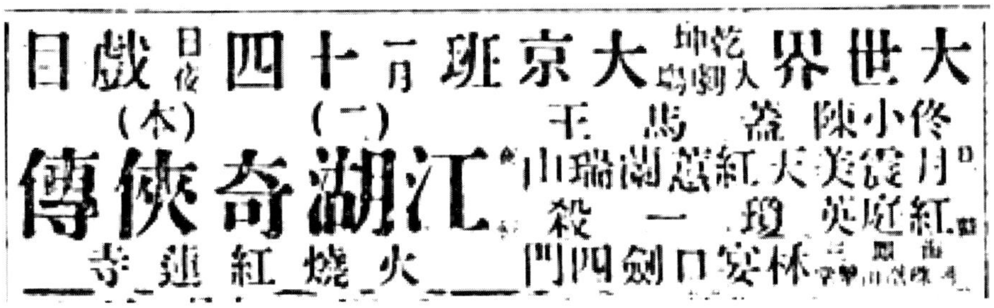

圖 1-6：林記更新舞台一月十四日日夜戲〔註 27〕

當時留存下來的報章資料，一方面證實了海派京劇藝術「連臺本戲」的藝術表現方式，另一方面則證實了《江湖奇俠傳》改編之海派京劇的相關戲碼，上演時轟動的現象。

二、歌仔冊《火燒紅蓮寺》

歌仔冊的出現與歌仔戲的發展有著極為密切的相關，唱或唱唸「歌子」的唱詞，都是由民眾採集民間之傳唱所做的一種文字記做錄。清代中國各地便以大量刊印子弟書、彈詞、寶卷、木魚書等俗曲唱本，這些唱本是藝人說唱表演參考用的底本，亦為民間普遍流傳的通俗讀物，各地名稱不同。廣東的唱本稱作「木魚書」，江浙地區唱本稱為「彈詞」，而流行於臺灣、廈門的唱本，民間藝人稱之為「歌仔冊」或「歌仔簿」。

> 歌仔戲自雛形時期開始，其故事情節是以「口耳相傳」方式傳承，其後，有喜好者將唱詞書寫成冊，使得古老的民歌小調唱詞與戲劇情節得以以「歌仔冊」流傳。〔註 28〕

〔註 26〕圖片出處：申報，版次：23，1930 年 1 月 13 日。

〔註 27〕圖片出處：申報，版次：21，1930 年 1 月 14 日。

〔註 28〕游素凰：〈從歌子到老歌仔戲〉，《藝術論衡》（臺南：國立成功大學藝術研究所，2012 年），頁 87。

早期的歌子唱唸的戲文，皆以口傳心授的流傳，許多唱詞內容、戲劇情節皆無有完整的文本紀錄留存，隨著時代推演，後人開始將平日休閒娛樂所唱唸的內容整理成冊，並將閩南語的唱詞轉換為文字，雖其內容通常淺白、用字不夠精確，但無法否認歌仔冊的出版，除了將戲文保留下來之外，也影響了閩南語文字書寫系統以及後續歌仔戲的發展。

《火燒紅蓮寺》從中國傳入臺灣後，因其內容玄幻、角色人物眾多，故事情節豐富又環繞於懲奸除惡的議題上，無論是電影還是小說皆受到大眾熱烈的迴響。傳統戲曲圈也藉此作品的熱度，陸續推出相關的著作與劇目。歌仔冊《火燒紅蓮寺》也於當時出版問世。根據筆者搜索網羅的文獻資料，有三個出版社都曾發行過歌仔冊《火燒紅蓮寺》。依照出版年份排序為 1931 年高雄蘭室出版之《火燒紅蓮寺》歌仔冊，1932 年至 1934 年間玉珍漢書部出版之《火燒紅蓮寺》一至七集歌仔冊，以及 1958 年竹林出版社出版之《火燒紅蓮寺》一至七集歌仔冊。

最早由高雄蘭室出版之《火燒紅蓮寺》筆者未能查找到原冊，目前筆者手上所擁有的版本為 1954 年竹林出版社所出版的《火燒紅蓮寺》歌仔冊全七集之實體冊集，以及「臺灣大學深化臺灣研究核心典藏數位化計畫」網頁所整理出 1932 至 1934 年玉珍漢書部出版之《火燒紅蓮寺》一至七集歌仔冊數位典藏電子版。

在資料網羅的過程中，曾見其他歌仔冊研究者的研究內容，針對早期歌仔冊收藏家所收藏的書目，進行年代排序、印刷方式統整、集數及出版社羅列，製成表格放置研究內文呈現。

《火燒紅蓮寺》歌仔冊也因被相關收藏家所珍藏，而出現於該研究之中，針對此資料所顯示內容，藉以得知高雄蘭室於 1931 年出版的《火燒紅蓮寺》在歌仔冊出版本當中為算的上是非常前期的作品：

> 吳曉鈴先生舊藏中有數量不菲的俗曲唱本，其中即包括十八冊的閩南語歌仔冊。這批歌仔冊中有三冊為閩南出版品，另有十五冊則為臺灣出版者，其有標署時間的最早版本為一九三一年高雄蘭室書局出版之《火燒紅蓮寺》，最晚者為一九五九年新竹竹林書局刊行的《基隆七號房慘案全二本》。〔註 29〕

〔註 29〕潘培忠：〈「俗文學派」舊藏閩南語歌仔冊文獻概述〉（《中國文哲研究通訊》第 29 卷第 3 期，9 月），頁 191。

在此研究之中另一值得深入的方向則是關於竹林出版社所出版《火燒紅蓮寺》歌仔冊的年代以及總冊數，前研究者所統整的表格內容顯示，竹林出版社所出版《火燒紅蓮寺》總數為一至八冊，而筆者擁有版本雖同樣為竹林出版社的出版品，但該冊集封面所印刷的總集數卻是全七冊。

針對此差異性，筆者認為幾種可能出現此問題的原因，第一、此作品的出版年份、印刷版本或是印刷方式之差異；第二、版本故事內容異動，重新編排再版差異。兩者差別在於，技術層面上隨印刷方式改變所形成的再版情形，或是故事內容修正層面而進行重整再版，無論是哪一種可能性，皆牽涉到版本問題，此假設性問題，藉由歌仔冊內容可推論出更加完善的結果。

1954 年版本，為眾多版本中年代最近現代的資料，出版方也於第七集最後六行中同樣以七字一句，四句一行的四句聯方式，點出《火燒紅蓮寺》歌本的版本差異以及集數差異之問題所在，第一句內容提及：

> 紅蓮寺歌是袂歹，遇著愚面袂曉排，無鬥無句都不知，社會趕出來靴擺。〔註 30〕

可見當時此歌之故事內容，是受到大部分閱聽者所喜愛，但起初的出版者卻不懂其歌子之唱唸規則，而出現了排版問題；「無鬥無句」本意應為「無鬥句」，為了符合七字一句的規則性，將字詞拆解並添加字詞擴大文句，「無鬥句」為閩南常用詞彙，意指文句沒有進行押韻，切換為中文可以理解為詩詞出格的意思；整行四句聯，明顯道出該出版者並不熟悉歌子的唱唸格律，在格律錯誤的情況下敢於社會顯擺，大有調侃諷刺起初出版者的味道。第二句以及第三句的內容：

> 只歌且恁甲評論，別印內中第三本，句豆全然朗袂順，雞歸也敢出來噴。虛種叫做大炭神，見著舊歌扣來印，內中歌句分袂真，人買看損人精神。〔註 31〕

該兩句更加針對性的質疑前出版者所出之內容，「只歌且恁甲評論」、「人買看損人精神」兩段唱詞，試圖將閱聽者帶入評判的位置，前段為顯性點破讓閱聽者去關注問題，後段則隱性的告知閱聽者，這樣的歌本對自身是會有損害的，無論是時間或是精力上。其中四段「別印內中第三本，句豆全然朗袂順」、「見著舊歌扣來印，內中歌句分袂真」則是描述了歌本的結構問題。歌本取自於舊

〔註 30〕《火燒紅蓮寺》第七冊（新竹：竹林出版社，1958 年 7 月），未標頁。
〔註 31〕《火燒紅蓮寺》第七冊（新竹：竹林出版社，1958 年 7 月），未標頁。

有的題材，而整理出版的過程並未仔細檢視其內容的完整性及劇情結構、情節唱詞之順暢性，導致歌本的第三集內容，出現了嚴重的押韻問題，於此之外也顯現了歌句不清明的現象，間接影響了情節順暢性。

「雞歸也敢出來噴」、「虛種叫做大炭神」則又將話題環繞在前出版者本身的問題上，「雞歸」應為閩南語中常見用詞「歕雞胿」，意指吹牛、不實，而透過前後唱詞的推導，筆者認為「大炭神」應是與閩南語中「大面神」有相同意思，為形容他者不知羞恥、厚臉皮。第二、三句唱詞內容，除了接續了第一句數落前出版者之意以外，更進一步的對前出版者所出版之內容以及出版者本身提出質疑，並試圖引導、藉用閱聽者的力量去審視前出版者的做為。

這六句唱詞當中最為重要的為第四句內容：「紅蓮寺歌門七本，印八本是袂曉分，三句兩句排袂順，見少也敢吃歌飯。」〔註32〕，前面所提的集數差異問題，藉由此句得到完整的事實證明。之所以會出現七集與八集的集數差異，主要原因為唱詞排版的不順暢所致，四句聯的使用，常見用法為整葩描述同一事件或是拆分為半葩即兩句的方式分述事件，依此句內容「三句兩句排袂順」的唱詞來看，前出版者在遇到唱詞出現長短句時，並未進行內容的增減調整，在排版不流暢的情況下出現了少詞、空句的不完整狀態，也就可以解釋「見少也敢吃歌飯」的唱詞中「見少」的意思。

最後兩句「五個五個看現現，臭人敢出來假仙，看汝有賴肴變輪，年久越深算安然。」〔註33〕「虛款山豬人笑戇，袂曉歌句不知通，只款人物人笑宋，未言先笑血人亡。」〔註34〕大多為評判調侃前出版者的內容，唱詞中呈現了後出版者對於前出版者的看法，認為其行為及出版內容的問題眾所皆知，但並沒有人針對這樣的現象大做文章，長期以往歌本安然存在，眾人也僅當前出版不了解歌子的唱念結構僅是一個茶餘飯後的笑話。最後一段唱詞「未言先笑血人亡」顯現了後出版者認為其作派荒謬可笑，「血人亡」道盡了自身無奈的情緒。

該六句唱詞說明了早期出版的八集內容，無論於劇情內容上、唱詞結構上皆出現了不小的問題。其他出版社所出版之《火燒紅蓮寺》大多為 1930 年前後出版，時間性與電影的傳入和眾多戲曲版本的搬演吻合，無論是何種形式《火燒紅蓮寺》於當時，正於民間掀起一股熱潮，故筆者認為，歌仔的靈活可

〔註32〕《火燒紅蓮寺》第七冊（新竹：竹林出版社，1958 年 7 月），未標頁。
〔註33〕《火燒紅蓮寺》第七冊（新竹：竹林出版社，1958 年 7 月），未標頁。
〔註34〕《火燒紅蓮寺》第七冊（新竹：竹林出版社，1958 年 7 月），未標頁。

變性，造成在傳唱過程的劇情變異及唱詞變異，過往此種俗文學並不會受到太多大眾的檢視，演唱過程中押韻不合格律、內容脫離主要情節是極可能出現的現象。

直至 1954 年竹林出版社再版時，針對過往版本進行詳細的整理，檢視內容問題並進行修正再版，最後的六句話雖大多內容頗具抨擊前出版者的意味，但也清楚明確的描述了早期版本的問題所在，集數之差異也於此得到完整的解釋。由此可見，在經過二十個年頭，歌仔冊雖日漸稀少，但仍然存於大眾俗文學之中，並建構了更加完善的格律，提升了歌仔冊這項俗文學的藝術及文學性。

針對現有歌仔冊的兩版本，筆者將研究重點放置 1954 年竹林出版社所出版的《火燒紅蓮寺》全七集之上，原因有二：

一是出版年份的考量，雖資料庫建立的版本出版年代較早，但集數與年份卻有些微差距，麥田出版社於 1931 先發行了《火燒紅蓮寺》第二集，於同年陸續發行後面的集數，直至 1932 年才回過頭發行第一集，針對集數的發行順序，不太符合連載書籍的發行方式，筆者認為會出現此種情形，有幾種不同的可能性：第一是此作品於 1931 年出現，當時最早發行的為蘭室出版社，但該出版社僅發行《火燒紅蓮寺》第一冊，而麥田出版社藉著發行的熱度，接續撰寫後面的集數並且發行了第二集。

第二是有關於電子資料庫的建立過程，書籍典藏的過程中，資料陸續建立形成龐大的資料庫，建立者可能非是搜集到完整的套書，而是單冊進行典藏，在這過程中所獲得的藏書出現在版問題，故出現雖為同一出版社，出版的集數與年代順序不符應的情形。

除這兩個部分為內在原因之外，有一外在因素則是 1954 年版本為筆者唯一擁有的古實體冊集，且集數內容完整、齊全，並未出現缺冊狀況，於研究上更具可信度。故以 1954 年所出版的《火燒紅蓮寺》全七集，作為歌仔冊改編作品內容研究之核心。

三、歌仔戲《火燒紅蓮寺》

《火燒紅蓮寺》情節之相關演出作品，於臺灣歌仔戲壇中出現的時間點，可以劃分為兩個時期，第一個時期為歌仔戲「內臺時期」；1920 年代〔註 35〕，歌仔戲進入了內臺演出時期，在這期間歌仔戲大量吸收上海、福州京劇戲班的機關布景和表演，豐富了通俗劇場的內涵，大受群眾歡迎，「內臺戲」也成為大眾耳熟能詳的一個演出形式，而此時的歌仔戲受到其它劇種影響，逐漸形成了「連臺本戲」的演出形式。

「連臺本戲」原是內臺戲歌仔戲劇團，在戲院連演數月，如同電視連續劇般的演出形式，以完整連貫的劇情為本，每天上演不同劇情，獨立觀賞亦不失趣味，內容題材自歷史戲到胡撇仔戲應有盡有。隨著電影《火燒紅蓮寺》傳入臺灣，其刀光劍影、鏟奸除惡的內容，受到大眾喜愛，歌仔戲也將其吸收形成了連臺本戲《火燒紅蓮寺》演出劇目，當時除了《火燒紅蓮寺》以外《孫龐演義》、《狸貓換太子》等，皆為連臺本戲經典劇本。

雖在歌仔戲內臺時期，《火燒紅蓮寺》劇目演出情形非常熱烈，但相關文獻記載留下的卻是寥寥無幾，僅能透過曾經歷該時期老藝師的口述歷史得知《火燒紅蓮寺》劇目在當時的面貌。在陳智堯〈鄭金鳳歌仔戲劇藝生涯與表演藝術研究〉論文中描述，鄭金鳳女士因頂替因病無法演出的演員演出《火燒紅蓮寺》逍遙仙姑一角：

> 當時鄭金鳳跟隨養父加入一個小型戲班，也是由擔任「旗軍仔」的角色做起。直到某天戲班要演出「胡撇仔戲」《火燒紅蓮寺》，負責飾演逍遙仙姑的演員因病抱缺，在班主徵詢下鄭金鳳意外獲得演出機會。談及逍遙仙姑一角，鄭金鳳說道：逍遙仙姑這個角色比較多情風騷，有點像花旦。那時候要穿短褲，然後用「縮帶」束起來，再穿一件披風。尤其是在戲弄小生的時候，披風脫起來，開口就唱「金色海洋照海邊……我愛哥哥你愛我……。」那時候沒有漂亮的衣服和亮片，上面穿的只是簡單的花仔布。〔註 36〕

透過鄭金鳳女士的口述歷史得知，當時《火燒紅蓮寺》以胡撇仔戲的演出風格呈現，其故事情節確實有出現逍遙仙姑一角，角色性格多情風騷，為了使角色形象更加鮮明，於扮相、唱段上都較為奔放。胡撇仔戲的演出風格加上

〔註 35〕曾永義：《臺灣歌仔戲發展與變遷》（臺北：聯經出版事業有限公司，1988 年），頁 59。

〔註 36〕陳智堯：〈鄭金鳳歌仔戲劇藝生涯與表演藝術研究〉（碩士論文，國立政治大學中國文學研究所，2010 年），頁 19。

連臺本戲的連續上演形式，得以想像當時《火燒紅蓮寺》於舞臺上演時，轟動、人潮湧進戲院看戲的情形。當時鄭金鳳女士也因完美詮釋《火燒紅蓮寺》中的逍遙仙姑一角，演技備受觀眾肯定，一炮而紅。

內臺時期，歌仔戲劇團極多，百家爭鳴的情形之下，劇團為了脫穎而出，獲得更多的票房，加入各式各樣的布景、道具、燈光、特效，而劇團為了呈現《火燒紅蓮寺》的「火燒」、「劍光」等場景，大量使用電光製造效果：

> 當時戲班為了營造火燒紅蓮寺的震撼氛圍，一個晚上大約要放三十多門電光。〔註 37〕

劇團無所不用其極，甚至將電影中使用的特效運用至舞臺上，在當時形成一種「電影舞臺化」的演出風格，如林永昌先生述：

> 歌仔戲「電影舞臺化」的本義，本文認為與前述新（話）劇團、歌舞劇團是一樣的，即是取材自電影的情節內容，經過轉換改編成歌仔戲戲齣，在舞台上演出的意思。其做法通常是由一個人將情節講給大家聽的「講戲」，這是歌仔戲團常用的方法。〔註 38〕

「電影舞臺化」、「舞臺電影化」影響了當時歌仔戲的表演風格，後續更是發展出了連鎖劇表演形式。而《火燒紅蓮寺》劇目為了吸引觀眾買票進戲院觀戲，在機關布景運用上也跟進了這一波風潮，將電影的特效帶入舞臺上，使票房能夠更有效的提升：

> 歌仔戲興盛時，劇團眾多，為求生存故在雜耍與特技皆依電影模式運用於舞台，如昔時的《火燒紅蓮寺》中的特技。〔註 39〕

透過相關文獻記載描述，可以得知當時此整個歌仔戲圈為了生存，將雜技、爆破、聲光、電影特效等挪用至舞臺上。

《火燒紅蓮寺》也不單僅從電影移植劇目內容，其中真火、真水、空中飛人等表演方式，也被使用進劇目當中，可見當時大量運用特效及靈活使用機關布景的情形。

第二個時期則是近現代的劇場歌仔戲時期。近現代《火燒紅蓮寺》的再

〔註 37〕陳智堯：〈鄭金鳳歌仔戲劇藝生涯與表演藝術研究〉（碩士論文，國立政治大學中國文學研究所，2010 年），頁 20。

〔註 38〕林永昌：〈1950 年代臺灣歌仔戲「電影舞臺化」與「舞臺電影化」的演出風潮〉，《臺灣文獻季刊》第 60 卷第 3 期（2009 年），頁 228。

〔註 39〕林永昌：〈1950 年代臺灣歌仔戲「電影舞臺化」與「舞臺電影化」的演出風潮〉，《臺灣文獻季刊》第 60 卷第 3 期（2009 年），頁 230。

現，是由國寶級藝師廖瓊枝老師親自率領廖瓊枝基金會、薪傳歌仔戲團，將早期內臺歌仔戲時期的連本大戲《火燒紅蓮寺》帶進現代的歌仔戲劇場。在2011時《火燒紅蓮寺》於花蓮文創園區進行首演，六年後改名為《俠女英雄傳》在2017年於臺灣戲曲中心重新製演。

（一）關於《火燒紅蓮寺》及《俠女英雄傳》的劇名異動

就戲曲而言，將過往曾搬演過的劇目進行再演出是十分常見的情形，筆者認為劇目再搬演的情況，最常見兩種形式：一種為傳統劇目的延續搬演，此為老師指導學生的傳承呈現，也是名家自身再現經典，傳統劇目在被搬演時，幾乎不太改變固有的程式，以劇目原先的樣貌進行演出。第二種則是賦予舊戲新生命的再詮釋。即所謂「舊戲新製」。「舊戲」通常是指舊有的經典劇目，如《白蛇傳》、《趙氏孤兒》等傳統劇目，「新製」則表示切換新的方向進行再製，「舊戲新製」即基於傳統的經典劇目基礎上，進行新的詮釋再現。近年來這樣的作品不斷的出現，前面所例舉之《白蛇傳》就曾於2019年被唐美雲歌仔戲劇團作為題材進行劇目的重新詮釋，製作出《千年渡・白蛇》之劇目。

在戲曲眾多劇目當中，除了舊有的劇目需要被保留傳承之外，也需要有新的製作出現，為戲曲開啟不同視野，而製作新戲也成為各大劇團常年來另一個努力的方向。

新戲的製作層出不窮，製作過程中往往耗費許多的人力、物力，但其新製作卻通常僅演出一個至三個檔期後鮮少再被搬演，故新編劇目多因為外部因素如：觀眾好評、單位合作等，才會出現在再製演的情況。

而2011年版本《火燒紅蓮寺》劇目，於筆者自訂的範疇中屬於「舊戲新製」的區域，它演出目的除了是配合建國百年的活動之外，也是為了呈現廖瓊枝老師印象中內臺時期的《火燒紅蓮寺》樣貌。

2017年版本《俠女英雄傳》則屬「新製再現」的範疇之中，承接了2011年《火燒紅蓮寺》的大部分內容，進行重新製演。對於觀眾來說，兩者之間最直觀的差異性在於劇名的異動，故在談及表演藝術的內容前，筆者首先針對劇名異動的原因進行梳理。

1. 涉及謗佛詆毀疑慮，進行刪削毀壞寺廟等關聯詞語

宗教領袖對劇目演出提出了建議性質的修正。在原著小說中「火燒紅蓮寺」的故事情節，環繞於紅蓮寺存在的惡性成分。寺廟中上至方丈、下至沙彌，皆是無惡不作的反派角色，他們利用行善的假面貌，掩蓋各種作惡的行為。

在小說轉化為電影的過程中，寺廟的惡本質仍然延續並成為探究主題，故無有轉化或修正之考量。電影上映期間，就曾有佛教相關人士對該電影，甚至是相關作品進行抵制行為等事件。直至戲曲版本出現後，文獻紀錄高雄佛光山星雲大師於年輕時，亦曾於報章雜誌刊登訊息，婉轉請戲班停止搬演詆毀佛教相關劇目之表示。〔註 40〕

信徒因宗教傳播而堅定自身之信念。早期「火燒紅蓮寺」的故事情節，於原著小說上轉至電影、電視劇、連環圖、歌仔冊等作品，皆未因內容有詆毀佛教、影響佛教清譽而進行修正。隨著時代轉變，信仰散播益加廣泛，影響層面日趨深厚。宗教於信眾心中有著無可撼動的地位與力量。為了符合大眾心理，不牴觸及挑戰人們之信仰，勢必要進行製作內容的修正以及劇情合理化。

針對此一大問題，廖瓊枝老師曾於《寶島全世界》網路談話頻道上提及，節目主持人對於兩劇目之劇名異動的原因進行提問，而廖瓊枝老師以全面性的視角針對劇名異動之內、外因素進行完整的論述：

> 因為那時候，就算是說一間廟有住持心不正，結合一些壞人做壞事這樣，有可能是因為我現在吃素，我是覺得說算是勸世做好，而且寺廟是清淨地，出家人應該不會去做壞事，所以我把它修改，改成這間黑廟是在深山內被壞人佔據，裡面的尼姑也有受到一些災難，另外再說現在禁止在舞臺上用火，在花蓮還有用真火，現在不能用真火，我就想說這些俠女都是好的，他們來治暴來維護百姓，所以用我覺得用《俠女英雄傳》的名稱來當主題。〔註 41〕

藉廖瓊枝老師於訪談過程中所述，劇情導向於刪修與改正的絕大因素為涉及詆毀佛教。廖先生認為宗教的本意為勸人向善，再者寺廟為清淨之地，出家人理應保有對其宗教虔誠的信仰，不應牴觸佛門清規為非作歹，而原著小說中的情節設定，將寺廟的住持設為惡徒，其顯露惡本性進而勾結他人作壞，這樣的情節內容應該要進行修改。

宗教本意應為勸世為善，基於這樣的理念上，進行了情節內容的修正，將原著小說中紅蓮寺以及其住持、沙彌的惡徒設定，改為紅蓮寺遭受惡徒侵佔，惡徒為了以紅蓮寺清善的形象進行苟且之事，將其部分人手放置於紅蓮寺

〔註 40〕查照緒論內容，頁 16。

〔註 41〕寶島聯播網：《寶島全世界》，〈專訪歌仔戲國寶廖瓊枝〉，2017 年 9 月 7 日。https://www.youtube.com/watch?v=uuwZP9zqYrI，最後檢索日期：2022 年 1 月 7 日。

中，假扮為寺中住持、沙彌，於明面上虛偽的維持紅蓮寺的形象，於暗處中掌控了紅蓮寺之地，並將其作為他們為非作歹的秘密軍基地。

原先的情節在經過廖瓊枝老師及其製作團隊的討論之下，將原著小說中可能衝擊、詆毀佛教名譽之人物設定及情節內容進行修正，並補充說明相關人物的作惡的行為動機以及合理化紅蓮寺本為清淨之地卻行惡之原因。

因演出劇情內容出現可能涉及詆毀佛教的問題，而進行了劇情的修正，意圖排除前述問題可能產生的連鎖反應，而此作為劇名異動的一大因素，其特質並非是顯著的，宗教信仰之力量於每個人的心中有不同的定位。

雖製作團隊可以維持原著小說的劇情內容進行歌仔戲的製作呈現，但卻也不可忽視受眾觀者的聲音；2011 年製作的《火燒紅蓮寺》於宗教信仰明確者的眼中看來，單是劇目名稱就有損毀寺廟的不敬之處，而「重新製演」的用意，重在修正原先製作的不足、精進原先製作的內涵，故 2017 重新製演的作品《俠女英雄傳》，劇名異動於宗教信仰的觀點上看來，是有其必要性的。綜上所述，筆者認為此一異動因素，包含了玄學觀點以及人類情感觀點，故此因素可以被歸屬於隱性之內在因素。

2. 提升劇場消防安全意識，開始禁止劇場使用明火

過往劇場演出可使用煙火、噴火、爆破、乾冰等特效道具，為演出劇／節目增添豐富性，帶給觀眾驚艷且耳目一新的印象。在傳統戲曲當中《鍾馗嫁妹》、《李慧娘》、《時遷偷雞》，可以說是最廣為人知，將「明火」融入表演中的經典劇目。

傳統戲曲之外，國內外各類型演出劇／節目也於舞臺上使用明火，像是加拿大太陽馬戲團《Fire-Knife Dance 火啖之舞》、英國踢踏舞劇《火焰之舞》、臺灣綠光劇團舞臺劇《人間條件二》等。明火的使用為舞臺表演帶來了不同的色彩，但危險性與之相伴。

無論是國內、外皆曾發生使用明火表演所造成死傷的意外事件，包括發生於民國 100 年時使國人重視該議題的「台中阿拉夜店」意外：

> 100 年 3 月 6 日凌晨，舞者在台中市阿拉夜店 2 樓鋼管舞台表演時，在 LED 棍棒尾端綁上煙火，隨後點燃，煙火的火花引燃夜店天花板泡棉，冒出大量濃煙，釀成大火，造成 9 死 12 傷的慘劇。〔註 42〕

〔註 42〕Central News Agency：〈台灣公共場所大火曾釀 64 死〉，《台灣英文新聞》，2013 年 1 月 2 日。

凡事皆一體兩面，於表演過程中使用「明火」或具有危險性的爆破物，雖增添舞臺效果，亦造成劇場安全之疑慮。該事件引發工作者暨表演藝術團隊對社會公眾安全之內省與思索。表演藝術工作者、劇場相關工作甚至是觀賞者，皆開始重視起劇場消防安全的相關問題。近年來鮮少見室內劇場表演空間使用明火演出，主要原因是全民對於消防安全意識的提升，政府針對劇場、室內空間使用明火訂定了更加嚴謹的法令政策。

同年五月，消防單位針對此意外事件提出明火表演安全管理辦法之草案：

> 鑑於本（一百）年三月六日臺中市哈克飲料店（PUB），因使用明火表演，不慎造成九死十二傷之不幸火災事件，消防法於一百年五月四日修正公布，增訂第十四條之一，其第一項及第二項規定：「供公眾使用建築物及中央主管機關公告之場所，除其他法令另有規定外，非經場所之管理權人申請主管機關許可，不得使用以產生火焰、火花或火星等方式，進行表演性質之活動。前項申請許可之資格、程序、應備文件、安全防護措施、審核方式、撤銷、廢止、禁止從事之區域、時間、方式及其他應遵行事項之辦法，由中央主管機關定之。……。〔註43〕

內容清楚明確的寫出此草案擬定的原因，以及欲修改之法條及其相關規定辦法。而訂定機關內政部，依據行政程序法第154條第1項內容：

> 行政機關擬訂法規命令時，除情況急迫，顯然無法事先公告周知者外，應於政府公報或新聞紙公告，載明下列事項：
>
> 一、訂定機關之名稱，其依法應由數機關會同訂定者，各該機關名稱。
>
> 二、訂定之依據。
>
> 三、草案全文或其主要內容。
>
> 四、任何人得於所定期間內向指定機關陳述意見之意旨。〔註44〕

〔註43〕中華民國消防法，第十四條之一，第一、二項，「1. 供公眾使用建築物及中央主管機關公告之場所，除其他法令另有規定外，非經場所之管理權人申請主管機關許可，不得使用以產生火焰、火花或火星等方式，進行表演性質之活動。2. 前項申請許可之資格、程序、應備文件、安全防護措施、審核方式、撤銷、廢止、禁止從事之區域、時間、方式及其他應遵行事項之辦法，由中央主管機關定之。」，規定訂定之草案。

〔註44〕中華民國行政程序法，第154條，第1項，「行政機關擬訂法規命令時，除情

於100年6月24日，將此草案條文內容及其相關說明，公告於行政院公報資訊網上，完成研擬法規命令的基本程序。關於明火表演安全管理辦法的法規命令，經過了草案研擬、公告程序，於同年，100年10月27日正式發布法規命令及相關定義與申請辦法，影響了表演藝術圈各大表演團隊於劇場演出中使用明火的自由。明火表演安全管理辦法中首先定義了「明火表演」一詞所概括之範圍，並分別針對明火可使用之場地、範圍、樓層、消防安全性、保險等事項提出條件。且須於表演活動三十天前提出明火使用之申請，申請書除了基本的資料外，需在表演企劃書中檢附明火使用之安全防護措施計畫。

在劇場消防安全意識抬頭及明火使用複雜嚴謹的程序下，許多表演團隊放棄了使用「明火」作為增添演出色彩的方式，轉而以聲、光之投影技術，取代了火及其他爆破物的使用。以至於現今在觀劇過程，極少觀賞到「明火」、爆破及其他特效道具出現於表演中。即便使用了相關道具，多數為戶外空間的演出劇／節目，劇場中出現的機率可以說是微乎其微。

「明火表演安全管理辦法之草案」逐漸影響並限制了《火燒紅蓮寺》的表演呈現形式。《火燒紅蓮寺》作為文建會「中華民國建國一百年經典好戲」系列演出之一，上演時間正落在民國100年介於「明火表演安全管理辦法」草案審查至法令正式頒布之間，演出過程中沒有受到法令的影響，保留了真火的使用，營造出「火燒」的真實性，為戲增添風采。而時隔六年，全民對於劇場安全意識的抬頭、法令有效的推行，使極少劇團於劇場中使用明火進行演出。而《俠女英雄傳》的再製過程，也將真火的使用移除，改而以投影及假火把進行呈現。針對明火的禁止使用，廖瓊枝老師也於寶島全世界的廣播節目中提及此事：

> 另外再說現在禁止在舞臺上用火，在花蓮還有用真火，現在不能用真火。〔註45〕

另外，筆者也曾與該劇演員探討相關問題。歌仔戲演員童〇渝曾參與第

況急迫，顯然無法事先公告周知者外，應於政府公報或新聞紙公告，載明下列事項：一、訂定機關之名稱，其依法應由數機關會同訂定者，各該機關名稱。二、訂定之依據。三、草案全文或其主要內容。四、任何人得於所定期間內向指定機關陳述意見之意旨。」

〔註45〕寶島聯播網：《寶島全世界》，〈專訪歌仔戲國寶廖瓊枝〉，2017年9月7日。https://www.youtube.com/watch?v=uuwZP9zqYrI，最後檢索日期：2022年1月7日。

一版《火燒紅蓮寺》及第二版《俠女英雄傳》演出，對此齣劇目，其表示劇名更改的原因：

> 在 2011 年的時候舞臺還可以使用火，2017 年沒有辦法使用火，又加上要加重紅姑的戲分，所以才改為《俠女英雄傳》。〔註 46〕

透過筆者田調訪談紀錄（參見本文附錄四、附錄八內容）得知，廖瓊枝老師及演員童〇渝的論述可知，明火的使用於《火燒紅蓮寺》一劇中，佔有一定的重要性。《俠女英雄傳》再製時，明火無法使用於舞臺上，導致此齣戲可看性下降，也偏離了第一版《火燒紅蓮寺》中「火燒」的焦點。劇團配合政府所推動的「明火表演安全管理辦法」，於再製中移除真火的使用，使兩劇目的特效形成差異，此差異也成為了《火燒紅蓮寺》至《俠女英雄傳》劇名異動的原因之一。針對《火燒紅蓮寺》至《俠女英雄傳》的劇名變更的原因，筆者歸結出上述兩大因素：

（1）因宗教信仰力量之內在因素致使劇情內容修正。

（2）因明火表演安全管理辦法之外顯因素改變劇場安全規範。

在兩因素的交互影響之下，使得原來的劇名不適合被沿用至再製的版本上。

過往舊有的文本及媒體影音，沒有辦法隨意進行更改，但新創作卻不盡然，它可建構於舊文本之上進行創新及修正，除去不合宜的情節，或是將不合理之處進行合理化，包括劇目名稱。

劇團於《俠女英雄傳》再製時，將其內外因素納入考量異動劇目名稱。可見廖瓊枝老師及其率領的製作團隊，對於劇目再製時的細膩審思。

〔註 46〕童〇渝：〈有關火燒紅蓮寺劇名異動〉，2018 年 12 月 15 日下午 15 時至 15 點 20 時，大稻埕戲苑舞臺。

第二章　廖瓊枝基金會及薪傳歌仔戲劇團版「火燒紅蓮寺」情節之異同論析

本章節首要透過原著小說《江湖奇俠傳》中「火燒紅蓮寺」的故事情節，進行文本結構的分析，針對其情節段落的鋪陳及角色人物的設定，探究「火燒紅蓮寺」情節的建構過程。

而後以廖瓊枝文教基金會製作《火燒紅蓮寺》劇目文本、薪傳歌仔戲劇團所製作之《俠女英雄傳》劇目文本，作為情節結構探討的對象，針對文本的場次設定，進行分場的戲劇結構與情節結構析論。

第一節　原著《江湖奇俠傳》中「火燒紅蓮寺」的情節架構

平江不肖生所創作之《江湖奇俠傳》以「爭趙家坪」、「火燒紅蓮寺」、「張文祥刺馬」三大主要故事情節構成並穿插了崑崙、崆峒兩派鬥爭的情節，而其中有關「火燒紅蓮寺」之故事情節段落，主要坐落於小說中第七十二回至第八十六回之間，該故事情節段落所出現的角色人物之背景敘述以及人物關係，則是自小說起始作者便陸續鋪陳，進行人物角色性格塑造以及角色人物之背景論述，逐漸構成全篇小說龐大的人物關係鏈。

一、原著小說「火燒紅蓮寺」段落情節結構

在原著小說「火燒紅蓮寺」的情節上，可將其拆分為幾個部份進行論析：

（一）紅蓮寺之形象建構

（二）「火燒紅蓮寺」主要情節建構

筆者將七十二回至八十六回的情節結構內容，分為上述兩大部份，分別進行論述。

（一）紅蓮寺之形象建構

有關紅蓮寺的描述於《江湖奇俠傳》中的第七十二回〈訪名師嘆此身孤獨　思往事慰長途寂寥〉以及第七十三回〈值佳節借宿入叢林　渡中秋賞月逢冤鬼〉的篇章中出現。作者藉由陸小青離開家中求師訪友的路途所見的景色，引出陸小青的回憶，並以回憶的方式接引出紅蓮寺的相關論述，除了勾勒出紅蓮寺的建築外觀以及紅蓮寺中方丈以及和尚的言行舉止之外，也以大量的篇幅論述方丈的玄妙之處，建構紅蓮寺嚴謹、戒律細如牛毛與受人信服的善清形象。

紅蓮寺的建築外觀，以陸小青在趕路過程的視角進行書寫：

> 忽見山底下有一座很高大的寺廟。雖天色已經向晚，看不出房屋的新舊，然那雄壯的形式是可以看的出來的。廟裡鐘聲梵樂，熱鬧非常，使人一聽就知道廟裡正在做功德。〔註1〕

上述中，並未明說這座未知的雄壯寺廟即是紅蓮寺，但作者在此段書寫後，立即讓陸小青進入回憶的部分，回憶的內容正是他想起父母往生時，請了紅蓮寺的和尚做道場以及有關紅蓮寺的相關論述。作者先以模糊的方式進行寺廟外觀的建構，在接續到回憶紅蓮寺，以自然流暢的文筆把紅蓮寺的段落安插進小說情節之中，而在這樣的書寫結構之下，讀者被有意的引導，將前述寺廟與紅蓮寺兩者之間進行串聯，回憶技法的使用，讓情節以流暢不突兀的方式進行嫁接，也讓讀者更加存有想像的空間，去進行對於小說文段的解釋與畫面塑造。

當小說文段進入陸小青回憶當中時，對於紅蓮寺並無太多外觀上的論述，僅以：「因為紅蓮寺是一個很大的叢林，寺產極豐富，寺裡常住有百多個和尚。」〔註2〕簡略的帶過，主要著重在對紅蓮寺中知圓和尚以及其他和尚的性

〔註1〕平江不肖生：《江湖奇俠傳四》，七十二回〈訪名師嘆此身孤獨　思往事慰長途寂寥〉，頁921。

〔註2〕平江不肖生：《江湖奇俠傳四》，七十二回〈訪名師嘆此身孤獨　思往事慰長途寂寥〉，頁922。

格、習性描述以及寺廟慈善的作為和和尚受戒其嚴謹規矩進行詳盡的論述，並將紅蓮寺整體形象建立在一種善與清的樣貌之上。關於紅蓮寺的善行，多與知圓和尚角色形象共同建構：

知圓和尚最喜與人方便，寺裡每年有三四千租穀的出息，穀價比一般富戶便宜十之三四；祇是不許買了他的穀，搬運到幾百里以外去，也不許數十石、數百石的整買。〔註3〕

小說中藉由低價穀物的出售和借穀、借金錢不收息的方式去建構紅蓮寺對外善的形象：

每年到青黄不接的時候，附近數十里小農家，都可以到紅蓮寺借穀；秋後收一石還一石，並不取息！要借錢做種田貨本的，也是一文息錢不要，鄉紳官府都知道知圓和尚這般慈善，又有才學……。〔註4〕

這樣的善行也使得無論是平民百姓抑或是官家皆對紅蓮寺有著極高的評價。

仔細閱讀相關文段，可以發現作者撰寫時用辭的巧妙之處，技巧性的將知圓和尚這個人物於紅蓮寺中的地位呈現出來，有關借穀之事中所透露的訊息有兩個部分。其一，如前所述「祇是不許買了他的穀」，使用的是「他」的穀而非是「寺」的穀，隱隱呈現出紅蓮寺的一切事物皆掌握在知圓和尚的手中，有關寺廟之產物運作也是由他進行操控；其二，則是「鄉紳官府都知道知圓和尚這般慈善」的文段，借穀抑或是借錢給需要的人戶，無論平民百姓、達官貴人所感謝的對象皆非是紅蓮寺而是知圓和尚個人。

由此可見對於他者而言，紅蓮寺的重要性遠比不上知圓和尚一人，寺廟也由主要物件轉變為附屬於個人的物件，而有關知圓和尚的角色詳細論述與分析，將放置後續章節進行細部探究。此章回除了描述知圓和尚與紅蓮寺的善行與備受讚譽之德行之外，作者也用了部分的篇幅談論紅蓮寺的嚴謹紀律與和尚的受戒過程，一樣藉陸小青回憶中的視角進行描寫，起始直接以：「寺裡的清規，是再嚴沒有的！」〔註5〕的文段，開門見山的點出紅蓮寺有著嚴謹的規定，而後加入具體事件凸顯其嚴謹守紀律之處：

〔註 3〕平江不肖生：《江湖奇俠傳四》，七十二回〈訪名師嘆此身孤獨　思往事慰長途寂寥〉，頁922。

〔註 4〕平江不肖生：《江湖奇俠傳四》，七十二回〈訪名師嘆此身孤獨　思往事慰長途寂寥〉，頁922。

〔註 5〕平江不肖生：《江湖奇俠傳四》，七十二回〈訪名師嘆此身孤獨　思往事慰長途寂寥〉，頁922。

紅蓮寺的和尚，不問年齡老少，在寺裡的名位大小，沒有一個不循規蹈矩的！有時在路上行走，遇著婦女，和尚總是遠遠的就低下頭來，揀寬闊的所在，立住等候；必讓婦女走過了才走，從來沒有敢多望一眼的！〔註6〕

作者於前一語點破其寺之嚴謹，後藉寺中和尚遇見婦女的處事方式展現出於紅蓮寺中修行的憎人良好的品行以及建立憎人循規蹈矩的形象，巧妙的藉著描述憎人之德性，接續引出僧人於紅蓮寺受戒的情形以及談論受戒於紅蓮寺之飲食粗惡、戒律細如牛毛的過程：

俗人想出家的，往旁的寺廟裡受戒都容易；唯有在紅蓮寺出家，真是比登天還難！不問這人在俗的時候，人品如何好，學問如何好，身家根底如何好；要想在紅蓮寺受戒，可不是一件容易辦到的事。〔註7〕

此段落當中，顯現出要想在紅蓮寺出家修行，無論此人在俗的時候，人品、學問、身家根底是如何的好，皆是一件極為不容易的事情。

作者並未將「不問這人在俗的時候，人品如何好，學問如何好，身家根底如何好」此句話並未完整陳述完畢，僅寫至身家根底如何好就收尾，未寫出那些人品好、學問好、身家好的人在紅蓮寺會受到何種待遇，而是直接接續寫到想要在紅蓮寺受戒並非易事；這樣的文段陳述方式，雖不明說卻表示了無論何人於紅蓮寺受戒修行，無論其家世背景如何皆一視同仁並無因為身份地位的不同，而影響受戒修行的過程。然而於下一段落，作者轉變了前面隱晦的寫作方式，直接描寫出為何於紅蓮寺受戒是不易之事，透過紅蓮中飲食的描述以及失錯規矩的懲罰方式去顯現出其困難之處：「寺裡的飲食，粗劣到了萬分，便是當乞丐的也吃不來！這還在其次。」〔註8〕往常大眾所認知到的出家受戒，不外乎是吃齋念佛、修習心性，在飲食方面宜清淡，但並非到粗劣且難以下嚥，此處作者卻將寺廟飲食與乞丐飲食進行比較，並道出連當乞丐也吃不來，可想而知其飲食品質的低下程度，然而飲食粗劣的處境也僅是其次而已：

〔註 6〕平江不肖生：《江湖奇俠傳四》，七十二回〈訪名師嘆此身孤獨　思往事慰長途寂寥〉，頁 923。

〔註 7〕平江不肖生：《江湖奇俠傳四》，七十二回〈訪名師嘆此身孤獨　思往事慰長途寂寥〉，頁 923。

〔註 8〕平江不肖生：《江湖奇俠傳四》，七十二回〈訪名師嘆此身孤獨　思往事慰長途寂寥〉，頁 923。

最使人不容易遵守履行的，就是那戒律細如牛毛；一舉一動，一言一笑，都有一定的規則；偶一失錯，處罰極嚴！那怕在俗時是個很有身份，很有名望的；或出家時的年紀已很大的，也和責罰小孩子的一般責罰！連受到三次責罰，就得被驅逐出來！〔註9〕

作者描述完飲食層面的粗劣後，並未收筆反而以層次性的方式接續論述寺廟中的嚴謹規矩，以層層累加堆疊的方式去建立出在紅蓮寺受戒的不易。

前一段落未解決的身份問題，也在這一段落得到了解釋，無論是何種身份地位的人於紅蓮寺中受戒，必要遵守其寺所建立的規則，言行舉止皆要合標準，如有過錯之處，一視同仁皆要受到責罰，呈現出了規矩制度及賞罰的公平性，此段落作者更是利用驅逐一詞進行收尾，去和應前面所描述的於紅蓮寺受戒的「不容易」，在驅逐制度之下，能留存於寺中修行之僧人，必擁有著良好的品行及合宜的行為舉止。

前面兩段所描寫的紅蓮寺樣貌，皆是藉由回憶與印象去進行建構，給予讀者極大的想像空間，而第三部分，作者依然延續使用陸小青的視角去呈現，但第三部分增添了更多真實性，不再使用印象及回憶的方式，轉而以小說中人物的真實視角，揭開了紅蓮寺外觀面貌的面紗。

小說的第七十二回文末，作者先以陸小青暗自思想的自述內容，去推展後續故事內容，文中寫到：

我不曾到過紅蓮寺；祇聽說從我家到長沙去，須走紅蓮寺門口經過。然那時不關心，不知這廟是不是紅蓮寺？此時天色已經昏暗了；若是紅蓮寺，我何妨就在這借住一宵。〔註10〕

首先「我家到長沙，須走紅蓮寺門口經過」的自述語句，一方面凸顯出了紅蓮寺的地理位置位於陸小青家鄉及長沙之間，另一方面則是將讀者目光更聚焦在紅蓮寺上。作者在創作時使用了「須走」一詞，明確為故事情節的推展，確立了一個標的。而後利用角色人物自問自答的方式，以「不知是不是……若是……」的語句引導讀者跟隨著小說人物的視角進行思考。隨後「此時天色已經昏黑了」點出了當下的時間性，「借宿」一詞則是呈現了角色人物位於戶外之空間性。

〔註9〕平江不肖生：《江湖奇俠傳四》，七十二回〈訪名師嘆此身孤獨　思往事慰長途寂寥〉，頁923。

〔註10〕平江不肖生：《江湖奇俠傳四》，七十二回〈訪名師嘆此身孤獨　思往事慰長途寂寥〉，頁925。

此段落除了明確的指出小說人物陸小青的思想及目的之外，作者順勢帶出紅蓮寺的相關傳聞，用記憶或是聽說的方式將紅蓮寺捧於高處，並於此章結尾，落下一句「不知這廟是不是紅蓮寺？且待第七十三回再說。」〔註11〕將懸念擱置於此，引發讀者對於紅蓮寺真實樣貌的好奇，藉此使讀者接續閱讀該作品。而小說人物陸小青的最終目的依然是長沙，但路途中「必須」經過紅蓮寺一地，藉由該自述語句清楚顯現出作者在整體小說的故事情節設定中，定會出現與紅蓮寺有關的事件。

筆者認為此章節為揭發「火燒紅蓮寺」事件的起頭，也是串聯後續故事內容、進行情節推展的重要段落。全小說至第七十二回開始，藉著陸小青身世描寫，順勢將紅蓮寺情節帶出，並以大量篇幅進行對紅蓮寺的論述，一方面為讀者建構出紅蓮寺的形象，另一面則提升故事情節的豐富性、轉折性。

作者寫至此處，勢必要將紅蓮寺的情節進行完整的呈現，以解讀者懸念、合理此段落的出現，如若作者於此章節大量描述紅蓮寺的玄妙事蹟而未進行解結的動作，索性停筆轉而寫其他的情節，一方面除了會導致小說的書寫架構混亂且鬆散，另一方面則是不符合當時以連載方式進行作品發行出版的經濟效益。

（二）「火燒紅蓮寺」主要情節建構

小說第七十二回，可以作為「火燒紅蓮寺」情節的前導章節，針對紅蓮寺的外顯的形象及行為進行論述，從而於讀者心裡建立出紅蓮寺與其寺廟住持、僧人清善的形象。原著小說自第七十三回〈值佳節借宿入叢林　度中秋賞月縫冤鬼〉起，順著前一章回的鋪陳，直接切入了「火燒紅蓮寺」的主要情節段落，藉著角色人物陸小青的視角，揭示紅蓮寺內部怪誕且詭異的事件。

在小說中，「火燒紅蓮寺」的情節可以被拆分為兩個故事軸線，第一條故事線為陸小青借宿紅蓮寺，發現紅蓮寺的蓮臺中藏有冤魂的相關情節，第二條故事線則是趙振武尋找卜巡撫下落的情節；作者以分段處理的方式書寫兩條故事線，小說的第七十三回〈值佳節借宿入叢林　度中秋賞月縫冤鬼〉、七十四回〈逼出家為窺祕密事　思探險因陷虎狼居〉、七十五回〈破屋瓦救星來月下　探蓮臺冤鬼泣神前〉，主要敘述陸小青進入紅蓮寺中所發生的事件，包含了蓮臺遇冤鬼、住持逼出家、柳遲破屋瓦救人，第一條陸小青的故事線於此

〔註11〕平江不肖生：《江湖奇俠傳四》，七十二回〈訪名師嘆此身孤獨　思往事慰長途寂寥〉，頁926。

三章中呈現。

而第七十六回〈坐渡船妖憎治惡病　下毒藥逆子受天刑〉為兩個故事軸線的接軌點，此章回使陸小青、柳遲兩人與趙振武結識，為後續第二段故事線埋下伏筆。七十六回的前段，交代了柳遲、陸小青與趙振武的結識過程，在各自介紹背景時，柳遲說明他是受到師傅呂宣良之託為了至紅蓮寺解救一貴人而下山，來回對話過程，勾勒出呂宣良的角色形象並為後續紅蓮寺情節進行開頭；而七十六回中段開始，作者大量書寫與趙振武有關的奇人異事，又模糊了「火燒紅蓮寺」情節的焦點，直至第七十八回前段，才將故事焦點放回紅蓮寺的第二段主情節。

小說中第七十六回於 957 頁開始，為作者延緩主要故事情節的插曲，使「火燒紅蓮寺」的情節發展節奏變慢。柳遲帶陸小青逃離紅蓮寺與趙振武不打不相識，柳遲說明是因為師傅呂宣良的命令，他下山至紅蓮寺欲解救一貴人，殊不知未遇上貴人，卻救了陸小青；趙振武聽後，開始詢問金羅漢呂宣良之事，並將他對於呂宣良的了解闡述了一番。第七十六回，由趙振武開始闡述呂宣良之事後，整段轉而描述與呂宣良相關的奇聞軼事，與原先紅蓮寺的情節並無太多的關聯性，可算是藉由呂宣良的背景敘述，將「火燒紅蓮寺」情節段落進行節奏調整，使緊密的情節得以緩解。插曲出現導致節奏改變，於讀者的角度或是作者的角度來說，皆是進入一個緩衝階段，一方面使讀者體驗到小說的輕重緩急之處，一方面則使有作者有更充足的時間可以構思「火燒紅蓮寺」段落內容如何進行嫁接、更妥當合理的處理人物角色之間的關係。

第七十八回〈射毒蟒大撫臺祭神　除兇僧小豪傑定策〉一回的開頭，依舊是趙振武描述過往的奇人異事，但作者巧妙的將呂宣良及梅花道人融入其中，使趙振武所講的事件與呂宣良等人皆有關聯性，再藉著柳遲將奇人異事的插曲進行總結。插曲停止於呂宣良的事件上，作者順勢將主題拉回紅蓮寺的情節。小說七十八回〈射毒蟒大撫臺祭神　除兇僧小豪傑定策〉、七十九回〈常德慶中途修宿怨　陳繼志總角逞英雄〉、八十回〈遊郊野中途逢賊禿　入佛寺半夜會淫魔〉、八十一回〈賓朋肆應仗義疏財　湖海飄流浮家泛宅〉為「火燒紅蓮寺」第二段主情節的論述。

七十八回自 979 頁第十一行開始，正式進入火燒紅蓮寺第二條故事線。柳遲指引趙振武一行人回省城調派人馬將紅蓮寺團團圍住，而柳遲與陸小青兩人回身至紅蓮寺解救卜文正。柳遲與陸小青趕回紅蓮寺的途中遇上了常德慶，陸小青曾受到常德慶救助，希望此番前往紅蓮寺可以得常德慶出手相幫，殊不知在談及救助卜文正一事時，牽引出了崑崙派與崆峒派的恩怨情仇，常德慶為報早年之仇，阻擋兩人前往紅蓮寺，此時陳繼志與甘聯珠出現阻止了常德慶，常德慶見事態不對轉而離開。甘聯珠與陳繼志告知柳遲，她們兩個是受到紅姑的命令前來解救柳遲的性命，早在他們先前到紅蓮寺之前已經於紅蓮寺埋伏了三天，在甘聯珠與柳遲交代完事情之後，一行人開始推測卜文正被關押在紅蓮寺中的何處，得出卜文正被關押在銅鐘之中，此時趙振武統帥一大隊兵馬到此，眾人一同殺奔至紅蓮寺中，寺中僧人早已離開，他們於銅鐘之下救出卜文正。卜文正轉醒後，開始講述為何會被紅蓮寺妖僧抓走關進紅蓮寺銅鐘之下。

「火燒紅蓮寺」的第二段卜文正的情節至此告一段落，作者並沒有將卜文正下令火燒紅蓮寺的情節寫出來，也沒有交代後續柳遲、陸小青、甘聯珠、陳繼志等人的去處以及紅蓮寺的妖僧們為何棄紅蓮寺離開，僅於此寫下一段：

> 看官們不要性急，這是千真萬確的一樁故事！諸位不信，不方找一個湖南唱漢調的老戲子，看是不是有一齣火燒紅蓮寺的戲？這戲在距今三十年前，演的最多；祇是沒有在白天演的。因為滿台火景，必在夜間演來才好看！不過這齣戲，僅眼卜巡撫落難、陸小青見鬼，甘聯珠、陳繼志暗護卜巡撫，與卜巡撫脫難後火燒紅蓮寺而已。〔註 12〕

作者跳脫小說內容，以旁白的方式說明「火燒紅蓮寺」故事情節的由來，藉此說明卜文正在脫離苦難後，最終下令火燒紅蓮寺，合理了作者並未撰寫、仔細交代的片段。後續作者轉而補寫紅蓮寺的歷史敘述以及紅蓮寺住持知圓和尚的來歷，雖然主題還是環繞於紅蓮寺上，但已經與「火燒紅蓮寺」的情節段落沒有什麼直接的關聯性。

筆者於前所點出作者未交代的部分，於後段也未再進行補述，故筆者認為「火燒紅蓮寺」的情節，於卜文正被救出紅蓮寺，敘述完被抓進紅蓮寺的前因後果後，此情節就已經完整結束在作者旁白式的說明之中。

二、原著小說「火燒紅蓮寺」人物角色

（一）原著小說中作者慣用角色出場方式分析

《江湖奇俠傳》作為連載式的武俠小說，複雜的情節需借助不同的角色人

〔註 12〕平江不肖生：《江湖奇俠傳四》，八十一回〈賓朋肆應仗義疏財　湖海飄流浮家泛宅〉，頁 1017。

物出現去完成。無論是長篇小說、短篇小說、劇本等，作者或是編劇家在正式進入創作前，皆會進行創作內容的綱要撰寫，對於角色進行人物設定、建構人物間的關係圖，設想情節如何與角色產生關聯作用，構築出完整的故事內容。

由於《江湖奇俠傳》小說是以長篇連載的方式進行出版，不能確認當時作者是否於創作初始，就建構出完整的小說內容以及人物關係圖。筆者認為此部作品，故事情節的多寡與角色人物的去留，有部分的可能性是因應讀者反應去進行撰寫，當讀者認為某故事情節精彩又或是特別喜愛其中的某一角色時，連載出版的效益高，為了經濟效益，作者有極大的可能會多撰寫相關故事情節或是角色人物的內容。反之，若是情節、人物不受到讀者的喜愛，出版經濟效益縮減，作者可能轉而寫別的情節內容，推出新的角色人物，以吸引讀者的目光。

而在《江湖奇俠傳》中，各個角色人物的出場方式以及家世背景的交代，撰寫的形式非常多元，奇遇、落難、尋仇等都可以作為角色人物的出場方式。「火燒紅蓮寺」情節，於小說第四集就已經完整結束，故筆者依循此範圍，整理出小說第一集至第四集，作者慣用撰寫角色人物出場的敘述模式，以利後續角色人物出場表的出場方式整理，有可對應之邏輯與範例。

小說中作者撰寫角色人物之慣用方式，可大致分為以下幾種：

1. 原先故事情節設定，安排角色出場。
2. 角色人物遇難，遇見貴人相救，使新角色或是其他角色出現。
3. 角色人物進行回憶時，牽引出其他相關的角色人物。
4. 角色人物奇遇，使新角色或是其他角色出現。
5. 作者描繪角色人物之間關係時的補充。

第一種角色出場方式，多半出現於新的故事情節當中，如整本小說的起頭，作者藉由景色描繪，帶出角色人物，舉例如下：

> 故老相傳說：那山在清初，很有幾個明朝遺老隱居在裡面；遂稱為隱居山。這隱居山底下，有一個姓柳名大成的，原是個讀書人。〔註13〕

此部小說中，一個情節的結束，開啟新的情節之前，作者習慣先進行場景的描寫進而帶出角色人物，針對單一角色人物進行描述，當逐漸深入情節時，才會使該角色人物與其他角色人物產生互動關聯。

〔註13〕平江不肖生：《江湖奇俠傳一》，第一回〈裝乞丐童子尋師　起寶塔深山遇俠〉，頁3。

第二種出場方式為角色人物遭遇困難，巧遇貴人救助幫忙，此「貴人」不一定就是新角色的出現，也會有先前早已出現過的角色，出面進行解救，使小說的人物關係複雜化，舉例如：

> 紅姑守節所希望的，就在這個小孩；一旦被強盜劫得不知去向，如何能不心痛！祇恨手足被捆了，不能動彈；不然，也一頭撞死了！正在那裡傷心痛哭，忽然房門打開了，有人拿了個火把過來。紅姑料是強盜，將兩眼閉了不看。〔註 14〕

紅姑的丈夫死後，族人前來行劫，紅姑、乳娘、老媽子皆被捆綁起來，唯獨不見紅姑的兒子，紅姑手腳被捆綁著，兒子又下落不明，而後寫到：

> 只聽得乳母呼道：「奶奶！看麼？公子果然是在這道姑手中抱著！」紅姑這才打開眼，祇見那道姑，笑容滿面的，左手抱著繼志；右手握著一條竹攬子火把，照著紅姑說到：「奶奶不用害怕！強盜都被貧道拿住了，公子也一些沒有損傷。」說著，將繼志放在床上；祇用手在三人身上一摸，捆縛手足的麻繩，登時如被刀割斷了。〔註 15〕

紅姑原以為自己以及兒子等人的命數已到，殊不知被一道姑所救，此人便是與崑崙派有所淵源的沈棲霞道姑，沈棲霞解救紅姑後，將紅姑收作為自己的弟子。道姑沈棲霞救助紅姑的文段內容，做為第二種角色出場方式：「某一角色落難時，遭遇貴人解救」的角色出場方式之說明。

第三種為回憶式的角色出場方式。藉由角色人物回憶時牽引出其他角色人物，完整人物關係及故事情節。如小說人物陸小青回憶起父母去世時，有關知圓和尚的過往：

> 是一種甚麼心事？他想起他父母去世的時候，請了紅蓮寺十幾個和尚做道場。……誰知在臺下年輕的人，倒有好幾個被臺壓傷了；老和尚卻安然立在地下，連驚慌的神色都沒有！於是一般人都說，這是陸家的福氣好；若把老和尚跌死了，紅蓮寺的和尚是斷然不肯善罷甘休的！〔註 16〕

〔註 14〕平江不肖生：《江湖奇俠傳一》，第十一回〈呂宣良差鷹救桂武　沈棲霞卻盜收紅姑〉，頁 142。

〔註 15〕平江不肖生：《江湖奇俠傳一》，第十一回〈呂宣良差鷹救桂武　沈棲霞卻盜收紅姑〉，頁 142、143。

〔註 16〕平江不肖生：《江湖奇俠傳四》，第七十二回〈訪名師嘆此身孤獨　思往事慰長途寂寥〉，頁 922。

作者利用陸小青的回憶，帶出與知圓和尚其人物設定玄妙之處，隨後藉描述紅蓮寺作為開頭，銜接了上段「紅蓮寺的和尚是斷然不肯善罷甘休的！」之文段，順勢將知圓和尚帶出：

> 因為紅蓮寺是一個很大的叢林，寺產豐富，寺裡常住有百多個和尚。
> 那方丈和尚法諱知圓，品行端方，在紅蓮寺住持了二十年……。〔註17〕

再藉著簡單描述紅蓮寺之景，帶出知圓和尚一角，而後使用了二至三面篇幅描述相關事蹟，再將焦點轉回陸小青身上：

> 陸小青為此不由不覺得奇怪！不過那時因父母去世，心裡方在悲哀，祇要老和尚不曾跌傷，便是萬分僥倖！一時須忙著救護臺下壓傷的人，這種覺得奇怪的思想，僅能在腦海裡略轉一轉，立刻就消滅了。幾年來偶然想到這上面，仍覺得是一件不可解的事。〔註18〕

陸小青於回憶中，想起幾年前紅蓮寺以及知圓和尚相關的過往。知圓和尚一角的出場方式藉由陸小青回憶出現，比起其他角色人物的出場方式，回憶式引出角色人物，給予讀者更多的想像空間，在小說中回憶式的出場，其角色人物的敘述皆是藉著回憶之人建構，給予「聞其聲不聞其人」的感受。在《江湖奇俠傳》中，作者若使用了這樣的寫作方式，於後面會針對其角色在進行詳盡的角色人物背景敘述，賦予角色更完整的人物設定。

第四種為奇遇的出場。藉由角色人物奇遇，使新角色或其他角色出現，此種角色出場方式與第二種有異曲同工之妙，無論是第二種「救難式」或是此種「奇遇式」，在此部武俠小說中都是作者較常使用於角色人物出場的寫作手法。

第五種為作者描繪角色人物之間關係時的補充。此部作品的故事情節複雜，非單一情節進行發展，當作者撰寫至某一段落，又或是角色人物前後出現的章回相差太遠，作者會視情形，針對角色人物的背景來歷進行補充。舉書中常德慶一角的人物背景敘述為例：

> 這回常德慶出頭，正是光緒初年的事。趁這時將常德慶的來歷，交代一番；方好騰出筆來，寫以下爭水陸碼頭的正傳。〔註19〕

〔註17〕平江不肖生：《江湖奇俠傳四》，第七十二回〈訪名師嘆此身孤獨　思往事慰長途寂寥〉，頁922。

〔註18〕平江不肖生：《江湖奇俠傳四》，第七十二回〈訪名師嘆此身孤獨　思往事慰長途寂寥〉，頁924。

〔註19〕平江不肖生：《江湖奇俠傳一》，第八回〈陸鳳陽決心雪公憤　常德慶解餉報私恩〉，頁98。

在作者跳脫出小說本體說明後，直接轉而切入撰寫常德慶的背景：「常德慶原是江西巡撫州人。他父親常保和，是一個做木排生意的人。……」〔註20〕在原本的故事情節發展過程中，作者抽離出小說內容本身，並且以作者自身的視角對讀者進行說明，為了撰寫後續爭水陸碼頭的情節，寫至此處必須先對常德慶一角進行背景論述，以完整此角色人物對於故事情節發展的影響。

這樣的書寫方式，將原先的第三人稱視角轉變為第一人稱視角說明，採用作者自己的全知視角來進行對角色人物的背景來歷補充。這樣的方式，好處在於作者可以藉全知視角綜觀小說整體發展，適時針對情節或是角色人物進行補充，避免讀者產生疑慮，但壞處在於過多的使用，讀者可能會因為太過全知，而失去閱讀小說的驚喜感，也較為容易出現來回進出現實與虛幻，於兩者之間產生錯覺。

（二）原著小說「火燒紅蓮寺」人物角色分析

筆者於前幾段落中，針對作者常使用的角色出場撰寫方式做說明與例舉，接續將「火燒紅蓮寺」中出現的角色人物進行相關論述，並以表格方式呈現角色人物出場的章回、方式、描述。

在原著小說中，最早出現的相關角色依序為：柳遲、紅姑、呂宣良、常德慶、陸小青、甘聯珠、陳繼志、知圓和尚、知客和尚、趙振武、卜巡撫。以下將以出場順序進行角色人物之分析。

1. 柳遲

書中第一回即是以柳遲的人物形象以及與其相關的人物關係描述，藉柳遲一角陸續帶出其他角色人物，並藉由劇情的推動，順帶將人物身世背景進行詳細的交代。在整部小說中，柳遲一角佔了極重的地位，經常出現於不同的故事情節文段之中。

2. 紅姑

紅姑於書中的第二回首次出現，角色人物形象鮮明，充滿女俠之氣。此角色未於一出場就進行背景來歷說明，而是在第十一回時藉著解救桂武的情節，順勢折入紅姑小傳，進行背景論述。紅姑一角具備兩種人物形象，第一種為修道前文弱女子之形象，第二種則是修道後無所不知、俠氣顯露之形象。

〔註20〕平江不肖生：《江湖奇俠傳一》，第八回〈陸鳳陽決心雪公憤　常德慶解餉報私恩〉，頁98。

3. 呂宣良

於書中屬於半全知視角的角色。於第三回初次出現，角色形象帶有神仙之感，善法術、算天命，所收之徒眾多，柳遲也為其中之一。雖未直接出現在「火燒紅蓮寺」情節當中，卻是促使情節發展的重要角色。

4. 常德慶

此角色在書中橫跨篇幅多，與多個角色人物有關聯性，和呂宣良一派處對立面。首次出現於第七回，角色形象奇醜無比，但卻有不小的本事。常德慶一角有直接出現於「火燒紅蓮寺」情節當中，為了派系恩怨阻止柳遲進入紅蓮寺，增加進入紅蓮寺拯救卜文正的波折。

5. 陸小青

為書中少數從兒時背景進行論述的角色，作者自述此角色與本書中多位奇俠產生關係，但其角色於書中出現篇幅不多。首次出現在第七回，由父親陸鳳陽的相關事件，接引出現。角色形象聰明絕頂，被定位為神童，但首次出現時並未明確描述其外貌，直至第七十一回才補敘陸小青傳，陸小青年僅十二，身體文弱，直到受到奇人醫治調理後，形象才轉為精幹活潑。在「火燒紅蓮寺」故事情節中為推動情節的重要角色。

6. 甘聯珠

此角色在書中出現的段落極少，但其背景來歷及人物立場轉變情況特殊。生在甘家寨中為崆峒派甘瘤子之女，因緣際會下嫁給紅姑姪子桂武，兩人逃離甘家寨後，甘聯珠認紅姑做義母。角色形象於書中第九回出現，武藝高強、長相秀麗。在「火燒紅蓮寺」故事情節中有實際出現，與陳繼志兩人為推動卜文正情節的重要推手。

7. 陳繼志

在書中未出現此角色人物個人的傳記，為紅姑的親生兒子，桂武、甘聯珠的表弟，多與紅姑、桂武、甘聯珠一同出現。初次出現在第十一回，僅報名，直至第七十九回才有其角色人物形象敘述。角色人物形象為十二三歲孩童，眉清目秀、脣紅齒白，兩三寸長的頭髮，結成五個角。在「火燒紅蓮寺」故事情節中有實際出現，與甘聯珠兩人為推動卜文正情節的重要推手。

8. 知圓和尚

此角色貫串紅蓮寺情節及後續刺馬情節前段，在此之前並未有與之相關情節。初次出場於第七十二回的陸小青回憶，而後於第八十一回切入知圓和尚小傳。角色形象慈悲為懷，以紅蓮寺為駐地行惡。在「火燒紅蓮寺」故事情節中有實際出現，為整個情節最重要的反派角色。

9. 知客和尚

未出現在書中其他情節段落。初次出場於第七十三回，僅出現在七十三、七十四回。角色形象約六十歲，謙和。在「火燒紅蓮寺」故事情節中有實際出現，為知圓和尚黨羽。

10. 趙振武

未出現在書中其他情節段落。初次出場於第七十六回，角色形象約四十歲，武官裝束，濃眉大眼、身材魁武。在「火燒紅蓮寺」故事情節中有實際出現，為卜文正的部下，為了尋找失蹤的卜文正出現於故事情節當中。

11. 卜文正

未出現在書中其他情節段落。初次出場於第八十回，前面章節中藉由其他相關角色人物提及卜文正的形象，以及解救卜文正之事。角色人物形象為清廉剛正的文官，隨和、喜愛遊山玩水，信奉佛法。在「火燒紅蓮寺」故事情節中有實際出現，為後段故事情節中的主要角色。

表 1：《江湖奇俠傳》中「火燒紅蓮寺」角色人物出場表

角色人物	初次出場章回	出場方式	人物形象描述	使用兵器／功法招式敘述
柳遲	第一回〈裝乞丐童子尋師　起寶塔深山遇俠〉	原先故事情節設定，安排柳遲出場。	「那柳遲生長到四歲，無日不在病中，好幾次已是死過去了！」 「然性命雖保留了；直病的枯瘦如柴，五歲還不能單獨行走！加以柳遲的相貌，生得十二分醜怪：兩眉濃厚如掃帚，眉心相接，望去竟像個一字；兩眼深陷，睫毛上下相交」	占測、身法
紅姑	第二回〈述往事雙清賣解　聽壁角柳遲受驚〉	柳遲奇遇，使紅姑出現。	「那女子的裝束，非常奇怪：自頂至踵火碳一般的統紅；也不知是甚麼材料製成的衣服，紅的照得人眼睛發花！頭臉都矇著紅的，僅露出兩眼和鼻子口來；滿身紅	遁甲符、劍術、法術

			飄帶，長長短短，足有二三百條；衣袖裙邊，都拖在地下，看不見她的手足；賽過石榴花的臉上，兩點漆黑般的眼珠，就如兩顆明星，閃閃搖動；櫻桃般的嘴唇開處，微微露出碎玉般的牙齒來。」	
陳繼志	第十一回〈呂宣良差鷹救桂武 沈棲霞卻盜收紅姑〉	桂武、陸小青遇難，牽引出陳繼志。	「衹見一個年約一二三歲的小孩子，從樹林中走了出來。那孩子生的眉目如畫，脣紅齒白；頭上二三寸長的短髮，用紅絲繩結成五個角兒；身上穿著花團錦簇，嚴然一個富家公子的氣概。」	五角頭功、飛劍、梅花針
呂宣良	第三回〈紅東瓜教笑發莊嚴 金羅漢養鷹充衛士〉	柳遲奇遇，使呂宣良出現。	「衹見一個白髮飄蕭的老叟……支開兩條臂膊；兩鷹一邊一隻，分立在兩條臂膀上。」	劍法、道法、差遣神鷹
陸小青	第七回〈陸小青煙館逞才情 常德慶長街施勇力〉	原先故事情節設定，安排出場。	「陸小青這時才得十二歲，卻是聰明絕頂，言談舉止，雖成人不能及他。」 「陸小青讀到十二歲的這一年，書是讀的不少；文字也都能得地方上有名的文人學士推許。但是身體就瘦弱得不成個模樣了！年齡才十二歲，背也彎了；眼也花了；步行兩三里路，就走得氣吁氣喘，滿身是汗，還一陣陣的頭眼發昏！」 「此時的陸小青，年紀雖祇十三歲；頹唐萎弱的樣子，比六七十歲的老翁還厲害！渾身上下，瘦刮不到四兩肉；臉上如白紙一般，不但沒有血色，並帶些青黑之氣，兩眼陷落下去，望去就和土裡挖出來的骷髏一般；嘴唇枯燥，和面龐同色。」	赤手空拳

常德慶	第七回〈陸小青煙館逞才情　常德慶長街施勇力〉	陸小青父親遇難，牽引出常德慶。	「跛腳叫化，身材矮小，望去像是一個未成年的小孩；一頭亂髮，披在肩膀上，和一窩茅草相似；臉上皮膚漆黑，緊貼在幾根骨朵上，通身只怕沒有四兩肉；背上披一片稿荐，胸膛四肢都顯露在外；兩個鼻孔朝天，塗了墨一般的嘴唇，上下翻開，儼然一個喇叭；兩隻圓而小的眼睛，卻是一開一闔的，閃爍如電；發聲自丹田出來，宏亮如虎吼。」	掌心雷
甘聯珠	第九回〈失標銀因禍享聲名　贅盜窟圖逃遇羅漢〉	原先故事情節設定，安排出場。	「大老婆生了一女，名叫聯珠……甘聯珠的本領，更是不待說了！」 「蔡花香的容貌，雖生的十分醜陋；但他生下來的女兒，卻是端莊流麗，絕不像蔡花香的模樣。」 「甘聯珠的芳齡，看看十七歲了。」	劍術
知圓和尚	第七十二回〈訪名師嘆此身孤獨　思往事慰長途寂寥〉	陸小青進行回憶時，牽引出知圓和尚。後因故事情節設定，安排出場。	「那方丈和尚法諱知圓，知識高妙，品行端方。」 「卜巡撫雖與知圓和尚見過幾次面，然這個老和尚因脫得一身精光了，又是睡在榻上，相隔有二丈遠近，竟看不明白不知是不是知圓和尚？」	法術、真言
知客和尚	第七十三回〈值佳節借宿入叢林　度中秋賞月縫冤鬼〉	原先故事情節設定，安排出場。	「就在這時候，祇見一個五六十歲的老和尚，從眾和尚中走出佛殿，迎面向陸小青合掌念了一聲佛，現出極謙和的神氣。」	緬刀
卜文正	第七十八回〈射毒蟒大撫臺祭神　除兇僧小豪傑定策〉	趙振武進行回憶時，牽引出知卜文正。後因故事情節設定，安排出場。	「我們大帥平日最喜歡遊山玩水；雖是官居一品，然時常青衣小帽，裝出尋常人模樣。」 「現在這個卜撫臺，是一個極清廉剛正的好官。」	彌勒布袋

趙振武	第七十六回〈坐渡船妖憎治惡病 下毒藥逆子受天刑〉	原先故事情節設定，安排出場。	「一個武官裝束，年約四十多歲，生得濃眉巨眼，膀闊腰圓，面上很帶著憂愁的樣子。」	單刀

製表人：江君儀（資料出處：《江湖奇俠傳》一至四集內容）

第二節　廖瓊枝基金會歌仔戲《火燒紅蓮寺》情節架構

《火燒紅蓮寺》一劇於 2011 年首演，劇作根據原著小說《江湖奇俠傳》融合廖瓊枝老師的內臺記憶進行改編：

> 《火燒紅蓮寺》為民初小說家平江不肖生所著奇情武俠小說《江湖奇俠傳》，說的是崑崙派與崆峒派地盤之爭。紅蓮寺為崆峒派聚集地之一，火燒紅蓮寺的情節點在小說前三分之一篇幅已經結束，但由於電影走紅，劇名一直被保留下來。〔註 21〕

現代歌仔戲版本的《火燒紅蓮寺》，將原本於歌仔戲內臺時期需進行十天演出的連臺本戲之內容，修改刪減為兩個半小時的演出長度，以符合現代人的觀劇習慣，讓現代觀眾得以一觀當時轟動臺灣的歌仔戲劇目。在國立傳統藝術中心所出版的《火燒紅蓮寺》DVD 介紹綱要中，說明此劇目的重要角色及全劇大要內容：

> 歌仔戲《火燒紅蓮寺》由三生三旦領銜。三生及陸小青、柳遲、桂伍：陸小青以「緣投」出名，他身為提督卜文正護衛，為救卜大人，出入紅蓮寺，身陷機關重圍，場面最為驚悚刺激；桂武，是劇中女旦之一的紅姑之姪，個性秉直，與紅姑離散並長大後，輾轉招贅入賊家，後來欲逃離賊窟，與愛妻甘聯珠闖四門、被甘父（甘瘤子）飛劍追殺等場面，是過去十天留台戲裡的重點之一；柳遲，為呂宣良徒弟，功夫最優，劇中他是瀟灑落拓的功夫好手；至於旦角，紅姑是最重要的角色之一，她原為平凡婦人，夫喪遭搶，被高人沈棲

〔註 21〕國立傳統藝術中心：〈火燒紅蓮寺 DVD——內臺機關變景奇俠劇〉，國立傳統藝術中心官方網頁，2013 年 12 月，https://www.ncfta.gov.tw/publication_100_8.html，最後檢索日期：2022 年 2 月 9 日。

霞救至山中習練武藝，加上一身紅衣，形象最為鮮明；甘聯珠是桂武之妻，嫁雞隨雞，逃離甘家，父母親情捨離之間有動人的內心戲。除了三生三旦外，代表崑崙派的呂宣良身騎神鷹，沈棲霞佛塵施法，代表崆峒派的智圓和尚、知客和尚、跛腳大仙常德慶、甘瘤子等人功夫有不凡，正惡交鋒，精彩連連，共同敷演出一齣熱鬧繽紛的江湖武俠奇情機關變景劇。〔註22〕

此劇目的情節內容由四段重點故事線所構成，包含：紅姑故事線、桂武故事線、卜文正故事線以及紅蓮寺相關故事線，透過不同派別的角色出場，穿針引線，進行全劇的情節架構交織，讓原不相干的人物有了交集，推動整體情節的發展。主旨緊扣著行俠仗義與除惡揚善的理念，形成善惡兩方的對立場面，藉著武俠及玄幻的招式構成武戲場面，呈現出有別於以往程式化動作的武戲橋段，豐富此劇的精采可看性。

一、廖瓊枝基金會歌仔戲《火燒紅蓮寺》分場大要

《火燒紅蓮寺》分為五大場。大場內容由細碎的分場構成，每一大場使用場次名稱進行主題包裝：第一場〈紅衣素縞遙祭君〉、第二場〈大義敢闖修羅群〉、第三場〈煉獄浮屠青天困〉、第四場〈火燒紅蓮得勝軍〉。

四大場次的安排，呈現出全劇四段主要的故事線。〈紅衣素縞遙祭君〉內容以紅姑一角為主，講述紅姑因其丈夫身亡後，受到親族爭奪財產的迫害，帶著桂武與陳繼志逃亡，逃亡過程桂武下落不明，而紅姑與陳繼志被沈棲霞所救並帶往仙山。

〈大義敢闖修羅群〉內容以桂武為主。長大的桂武被甘瘤子招攬回甘家寨後與甘聯珠成親，全然不知自己已經身在賊窟，柳遲受呂宣良的命令要幫助桂武離開甘家寨，告知了桂武甘瘤子搶奪官銀之事，桂武親眼所見甘家寨的作為，回到甘家寨後與甘聯珠兩人協議要離開甘家寨，兩人經過了層層關卡，受到崑崙派呂宣良的幫助，順利逃離甘家寨；而卜文正相關的部分情節也在此場次中顯現，公正清廉的卜文正帶領著陸小青及眾衙役，押送官銀要前往江南賑災，路上遇甘瘤子一行人劫庫銀，而劫庫銀的過程被躲在樹林中的桂武所看

〔註22〕國立傳統藝術中心：〈火燒紅蓮寺 DVD——內臺機關變景奇俠劇〉，國立傳統藝術中心官方網頁，2013 年 12 月，https://www.ncfta.gov.tw/publication_100_8.html，最後檢索日期：2022 年 2 月 9 日。

見，因而引發了後面逃離甘家寨的事件；可見在〈大義敢闖修羅群〉一場中，逐漸將桂武的故事線與卜文正故事線進行交織，推進全劇的發展。

〈煉獄浮屠青天困〉一場主要故事線為卜文正一角的相關內容。藉由百姓之聲牽引出少女失蹤的情節事件，卜文正受百姓請託與陸小青兩人著手調查少女失蹤一事，卜文正在酒店探查線索時遇上知客和尚一行人與尼姑雪蓮，紅姑一行人也來到了酒店敘舊用餐，尼姑雪蓮試圖向酒店的他人求救，卻被知客和尚阻攔，當知客和尚聽到卜文正向店小二打聽少女失蹤之事時，行色匆匆將雪蓮及其他人帶走，卜文正見怪隨後跟上，紅姑也認出了卜文正跟隨其後，卜文正追蹤至樹林後被知客和尚打暈帶回紅蓮寺地牢，雪蓮為了救出卜文正及被關在地牢的少女，偷取了地牢鑰匙欲逃離紅蓮寺地牢，事與願違逃離紅蓮寺的計畫失敗，雪蓮被知圓和尚一刀殺死，卜文正則被抓回紅蓮寺蓋於銅鐘之下；〈煉獄浮屠青天困〉一場將少女事件與此齣戲最主要的紅蓮寺情節進行嫁接，也將卜文正角色人物與紅姑等人進行串聯，紅姑故事線、桂武故事線、卜文正故事線與最主要紅蓮寺情節皆在前兩場進行鋪陳，並於此場完整交織故事情節與人物關係。

最後一場〈火燒紅蓮得勝軍〉為全劇的最高潮之處。陸小青在探查少女失蹤一事時，迷失路途遇上了逍遙仙姑，中了逍遙仙姑迷魂術的陸小青受到柳遲的解救，柳遲告知陸小青卜文正可能遇險的情況，兩人思考對策之於，紅姑一行人前來紅蓮寺附近與柳遲、陸小青等人會合，眾人計畫進入紅蓮寺探查，沒料到紅蓮寺中機關重重，決定先離開紅蓮寺之處等待呂宣良及沈棲霞抵達，所有人到齊後一舉攻入紅蓮寺，眾人與紅蓮寺中甘瘤子、常德慶、逍遙仙姑、知圓和尚、知客和尚進行一連串的爭鬥，最終甘瘤子被殺，惡徒餘黨逃離紅蓮寺，呂宣良等人救出卜文正，卜文正決定火燒紅蓮寺，所有事件在炙熱的火光中落幕。

筆者將《火燒紅蓮寺》序場及四大場進行分場、人物、場景及戲劇事件的統整，詳細分場內容及出場人物、戲劇事件放於附錄一中。

二、廖瓊枝基金會歌仔戲《火燒紅蓮寺》結構佈局

如上節所述，《火燒紅蓮寺》的每一場次皆可以代表一個重點故事線的發展，看似毫無關聯的故事線，透過劇中擁有「全知視角」的角色人物，或是利用「偶然」的安排，進行故事線的交織、串連。

表 2：《火燒紅蓮寺》場次表

場次	第一場〈紅衣素縞遙祭君〉	第二場〈大義敢闖修羅群〉	第三場〈煉獄浮屠青天困〉	第四場〈火燒紅蓮得勝軍〉
分場一	1-1 靈堂	2-1 婚禮	3-1 野和尚	4-1 逍遙仙姑
分場二	1-2 爭財產	2-2 密謀	3-2 紅姑下山	4-2 風雲起
分場三		2-3 奉師命	3-3 察民情	4-3 陷阱
分場四		2-4 真相	3-4 酒店	4-4 解危
分場五		2-5 劫庫銀	3-5 卜文正被抓	4-5 紅蓮劫
分場六		2-6 闖關	3-6 地牢	4-6 全面開戰
分場七		2-7 追魂劍		4-7 破機關
分場八				4-8 火燒紅蓮寺

製表人：江君儀（資料出處：筆者參考《火燒紅蓮寺》劇本整理）

全劇的敘事方式，以順序為主要敘事手法，除了在第一場的靈堂中出現了紅姑與陳友蘭回憶的片段，以燈光、投影與對白呈現，於場景上並未進行換場，出現了與順序不同的回憶倒序敘事之外，其他場次皆是順序發展，整體而言，並未加入較為複雜的敘事方式。

雖說以四段重點故事線進行分場，但依然可以藉由故事線的情節多寡、製造懸念、解除懸念的安排，看出全劇的起承轉合。

（一）第一場〈紅衣素縞遙祭君〉

以紅姑的故事情節作為全劇起頭。一開場為節奏緩慢的靈堂戲，將觀眾緩緩帶入劇中情節，而後出現追殺的情節，劇情節奏在追殺的過程中逐漸拉快，直至小桂武被推入懸崖、紅姑抱著嬰兒走投無路時的快板唱段，為此場節奏最緊繃的部分，最後，沈棲霞出現拯救紅姑，紅姑為親族求情，節奏變慢。

整場戲的節奏，由慢漸入快再轉至慢進行收場。而結構上，分支出兩條故事情節：

1. 小桂武跌入懸崖，生死未卜。

2. 紅姑帶著年幼的陳繼志與沈棲霞一同離去。

小桂武跌入懸涯後，並未交代是生是死，也為此齣戲的推動，留下第一個懸念。而紅姑帶著年幼的陳繼志與沈棲霞一同離開，並未特別交代去處。在此場次，藉由小桂武失蹤及紅姑離去的兩個事件，順勢將紅姑及桂武的故事線拆開，藉以各自發展不同的情節。

（二）第二場〈大義敢闖修羅群〉

主要以桂武的故事情節，發展後續故事情節。一開場直接將時空拉至十年後，桂武與甘聯珠成婚，甘家寨在一片喜氣中，醞釀著龐大的陰謀。在整場的發展節奏上，2-1 至 2-4 場的節奏屬正常發展，不緊不慢，自 2-5 場衝突點出現後，發展節奏逐漸轉快，直至此場結束。

主要結構環繞於桂武身上，除了解了第一場桂武下落的結，更藉由桂武牽涉出其他角色，為後續發展進行打結的動作：

1. 描述桂武為何到甘家寨，與甘聯珠成親。
2. 柳遲奉呂宣良的命令下山處理紅蓮寺妖僧之事，並提點桂武。
3. 桂武看到甘瘤子搶劫官銀，得知甘家寨真面貌。
4. 桂武回到甘家寨與甘聯珠攤牌，兩人逃離甘家寨。

此場較為重要且影響接續發展的部分，在於揭露甘瘤子等人的惡行，讓甘瘤子與卜文正出現互動關係，以及引出呂宣良派柳遲下山解決紅蓮寺之事，並且引桂武這個正直青年離開甘家寨。

（三）第三場〈煉獄浮屠青天困〉

開始轉換至與紅蓮寺相關的情節。以知客和尚帶領眾和尚調戲良家婦女作為開頭，揭露了紅蓮寺一眾的惡行，接續交代紅姑與陳繼志十年後，武功已學有所成，沈棲霞交代二人下山，解救卜文正，後開始轉為卜文正的情節段落。

在 3-1 及 3-2 場的節奏不緊不慢，3-3 場由於內容為卜文正擔心失蹤少女之事，節奏轉為偏慢，3-4 場回到正常的敘事節奏，但由 3-4 場的尾聲開始，卜文正追查酒店行為怪異的和尚一眾，紅姑等人跟隨其後，節奏開始逐漸轉快，直至卜文正被抓。而 3-6 場的節奏回到偏慢的狀態，在雪蓮帶卜文正等人逃離地牢時，遇上知圓和尚一眾後，節奏轉快，最後收在雪蓮被刺死的激昂情緒上。此場次的結構較為複雜，同時處理了多組事件：

1. 揭露紅蓮寺僧人惡行。
2. 紅姑與陳繼志下山解救卜文正。
3. 卜文正收到百姓告訴少女失蹤與陸小青兵分兩路調查。
4. 紅姑、陳繼志與桂武、甘聯珠相遇。
5. 卜文正追蹤知客和尚、雪蓮。
6. 紅姑一行人跟隨卜文正。
7. 卜文正被抓。

8. 雪蓮偷鑰匙欲解救卜文正等人，最後被殺。

在此場除了揭露紅蓮寺的惡行之外，也順勢將紅姑與桂武進行串聯；卜文正與陸小青分頭調查少女失蹤之事，卜文正被抓，而陸小青的部分尚未交代，為後續留下情節發展的空間。

（四）第四場〈火燒紅蓮得勝軍〉

最後一場必須處理前面幾場所埋下的事件，進行最後解結的動作，所以〈火燒紅蓮得勝軍〉整場戲的節奏偏向緊湊，除了在 4-5 場以及 4-8 場的結尾，節奏相較其他場次緩慢。此場主要以解結為主，在戲劇呈現的節奏上緊湊，但結構卻略顯鬆散，以下為此場整體結構事件：

1. 以逍遙仙姑與陸小青的事件作為開場，一方面展現了逍遙仙姑的迷魂術，另一方面解釋了陸小青的去向。
2. 柳遲解救陸小青，並告知陸小青卜文正正遭遇危險，兩人合計前往紅蓮寺救人。
3. 在 4-2 場及 4-3 場的開頭，使紅姑、陳繼志、桂武、甘聯珠、柳遲、陸小青等人串聯起來。
4. 正反兩方各自尋求協助，紅姑一行人等待呂宣良、沈棲霞前來相助，知圓和尚命知客和尚寫信請甘瘤子等人來前幫忙。
5. 甘瘤子等人再次威脅卜文正協助行惡，卜文正不肯被關押至銅鐘之下。
6. 呂宣良、沈棲霞率領眾子弟攻入紅蓮寺中，要甘瘤子交出卜文正。
7. 雙方一言不合，全面開戰。
8. 甘聯珠與桂武勸甘瘤子收手。
9. 甘瘤子被殺，常德慶、知圓和尚、知客和尚、逍遙仙姑四人，見勢不對逃離紅蓮寺。
10. 眾人於銅鐘之下找到卜文正。
11. 卜文正下令火燒紅蓮寺。

由於最後一場戲，要處理交代的事件太多，導致許多的細節並不是交代的非常清楚，如：紅姑一方與柳遲一方相遇的過程、紅蓮寺如何與甘瘤子等人聯手、少女失蹤之事的後續。

總體來說，整齣戲在上半場的節奏較為緩慢，結構比較緊密，下半場節奏逐漸拉快，於部分結構上略顯鬆散。但在戲劇的結構上，依然緊扣著「開始、衝突、結束」的結構，也可見得此齣戲明顯的「起承轉合」。

此劇目的情節架構雖建立於原著小說之上，但卻與原著小說有著不少的差異性。

過往連臺本戲劇目連續上演十天的表演形式，搬演劇目的內容會隨著觀眾觀戲造成的迴響熱度，進行情節內容的增減，並適時加入新的角色或是使用不同的舞臺效果，讓上演內容顯得豐富熱鬧，以吸引更多的觀眾買票進戲院觀戲。

這樣較為自由的演出形式，雖造就了早期《火燒紅蓮寺》劇目的豐富度跟轟動度，但另一面也導致劇目內容逐漸出現與原著小說情節脫離的現象。

2011 年演出的《火燒紅蓮寺》融入了內臺時期的版本記憶進行創作，因細部情節結構的變動及角色人物的設定變動，使整體劇目與原著小說有著明顯的差異性。

雖在兩者相互影響的情況下，整體戲劇結構產生變化，但就整體劇目呈現而言，除惡揚善的中心思想以及經典「火燒紅蓮寺」的段落，還是扣合著原著小說的設定，善有善終、惡有惡報的中心思想。

第三節　薪傳歌仔戲劇團《俠女英雄傳》情節架構

廖瓊枝基金會歌仔戲《火燒紅蓮寺》是建構於原著小說及廖瓊枝老師的記憶進行改編，而薪傳歌仔戲劇團的《俠女英雄傳》則是於《火燒紅蓮寺》的基礎上，進行重新製演。

2017 年薪傳歌仔戲劇團獲文化部「表演藝術結合科技跨界創作」之補助，嘗試以大量的現代科技取代傳統舞臺的燈光布景，呈現出比《火燒紅蓮寺》更為精緻的舞臺效果；而情節架構上也進行了細部修正，使此《俠女英雄傳》的完整度提高，更為顯現出武俠之「俠」氣精神，也大幅降低了原先可能會引起抵觸宗教信仰的問題。

> 本劇由三生三旦領銜，紅姑是最重要角色之一，她原為平凡婦人，夫喪遭搶，被高人沈棲霞救至山中習練武藝，加上一身紅衣，形象最為鮮明；桂武，是劇中女旦之一的紅姑之姪，個性秉直，與紅姑離散並長大後，輾轉招贅入賊家，後欲逃離賊窟，與愛妻甘聯珠闖四門、被甘父飛劍追殺等場面，甘聯珠嫁雞隨雞，逃離甘家，父母親情捨離之間有動人的內心戲，陸小青以「緣投」出名，身為提督

卜文正護衛，為救卜大人，出入紅蓮寺，身陷機關重圍；是過去十天連台戲的重點戲之一；柳遲，為呂宣良徒弟，功夫最優，劇中他是瀟灑落拓的功夫好手；除此之外，代表崑崙派的呂宣良身騎神鷹，沈棲霞佛塵施法，代表崆峒派的智圓和尚、知客和尚、跛腳大仙常德慶、甘瘤子等人功夫也不凡，正惡交鋒，精彩連連，共同敷演一齣熱鬧繽紛的江湖武俠奇情機關變景劇。〔註23〕

《俠女英雄傳》的角色人物以及劇情走向，承接著《火燒紅蓮寺》的架構，再製轉譯的過程中，由於整體演出條件的差異，如：劇場形式及規模、導演、演員等，使劇目朝表演藝術精緻化的方向發展。

一、薪傳歌仔戲劇團《俠女英雄傳》分場大要

原先《火燒紅蓮寺》一版，場次僅有四大場，每一大場使用場次名稱進行主題包裝，明顯區分故事線，提示觀眾情節發展的走向，而《俠女英雄傳》並沒有承接一版的主題包裝方式，在場次區分及命名上進行部分修改。

《俠女英雄傳》分為八大場，每一大場中以若干小場次串連而成，場名則以搬演內容命名：序幕、序場〈佔寺〉、第一場〈爭財產〉、第二場〈甘家婚禮〉、第三場〈紅姑下山〉、第四場〈發現真相〉、第五場〈查明情〉、第六場〈迷魂小青〉、第七場〈火燒紅蓮寺〉。

序幕主要為介紹全劇人物角色及人物關係的場次，為全劇做前導說明。原先《火燒紅蓮寺》並沒有序場的〈佔寺〉一折，此折戲為《俠女英雄傳》中新增的場次，內容說明了甘瘤子一行人，佔據紅蓮寺並將其作為秘密軍基地，使原先的佛門清淨地，染上污濁的氣息。

第一場〈爭財產〉以紅姑一角的故事線作為開場。紅姑於靈堂中祭拜悼念丈夫陳友蘭，因陳友蘭行商多年，累積了不少的財富，其離世後，陳家的親族覬覦龐大的財產，逼迫紅姑獻出陳友蘭留下的財產，紅姑不願將財產獻出，而受到陳家親族的追殺。

紅姑帶著幼子陳繼志及姪兒桂武逃離親族的追殺，逃亡過程，桂武被親族推下懸涯生死、下落不明，而紅姑與陳繼志則被沈棲霞救離帶往仙山。

第二場〈甘家婚禮〉呈現了桂武、甘聯珠的故事線，桂武與甘聯珠的大婚

〔註23〕薪傳歌仔戲劇團：〈俠女英雄傳〉，薪傳歌仔戲劇團官方網頁，http://www.shintrun.com/2044822899335213859620659.html，最後檢索日期：2022年2月9日。

之日，甘家寨熱鬧無比，知圓和尚、常德慶、逍遙仙姑等人至甘家寨祝賀，表面上看似喜慶的婚禮，其背後卻隱藏著桂武及甘聯珠未料想到的密謀。在此折戲中融入了柳遲下山的情節，柳遲奉呂宣良的命令，下山探查紅蓮寺、勸說桂武離開甘家寨。

第三場〈紅姑下山〉主要解釋了被親族追殺的紅姑與陳繼志在被沈棲霞救走之後的遭遇。十年後，紅姑與長大的陳繼志於仙山之中對練劍法，沈棲霞認為紅姑及陳繼志道法已練至大成，讓紅姑帶陳繼志下山行俠濟民，並交代紅姑，若是聞卜文正遇難，務必前往相助。

〈紅姑下山〉一折為小過場，一方面交代紅姑與陳繼志被沈棲霞救回仙山後的遭遇，另一方面將紅姑故事線與卜文正故事件進行交織。

第四場〈發現真相〉將故事拉回桂武的故事線。柳遲趁桂武獨自於樹林練武之時，前去提醒桂武甘家寨並不如他所想的正派，桂武並不相信柳遲所述的片面之言，柳遲只得告知桂武甘瘤子計畫搶奪官銀的時間及地點，桂武半信半疑躲藏於樹林之中，親眼所見岳父甘瘤子率領甘家寨殺人奪官銀的作為。

桂武回到甘家寨後與甘聯珠兩人協議要離開甘家寨，原以為可以順利離開，殊不知甘家祖母視桂武、甘聯珠二人為叛徒，設下重重關卡防止兩人逃離甘家寨的控制，兩人受到甘大娘以及神鷹的幫助，順利逃離甘家寨，躲過甘瘤子追魂劍的追蹤。

常德慶緊追而來，桂武與甘聯珠毫無還手之力，紅姑出現解救了兩人，並與桂武相認。此場次將桂武、甘聯珠與甘家寨的故事線進行解結，並在此場的尾聲讓紅姑出來解救桂武，將紅姑故事線與桂武故事線進行串聯。

第五場〈查民情〉開始進入卜文正故事線以及重點「火燒紅蓮寺」的段落。卜文正收到百姓的告訴，著手調查少女失蹤之事，與陸小青兩人分頭進行調查。卜文正於酒店探查的過程中，發現一群和尚及尼姑雪蓮的言語、行動有怪異之處，並匆忙跟隨其後，紅姑一行人正巧於酒店之中看見此事，隨後跟上卜文正的腳步。和尚一行人穿梭於樹林之中，刻意引導卜文正及紅姑等人失散，並將落單的卜文正打暈抓回紅蓮寺地牢。

地牢之中，尼姑雪蓮告訴卜文正佔據紅蓮寺惡徒的作為，請求卜文正帶領其他被關押的少女逃離苦海，雪蓮用偷來的鑰匙打開卜文正與眾少女的牢房門，眾人欲逃離地牢，卻被知圓和尚及眾假和尚攔住去路，卜文正被抓回紅蓮寺地牢，而雪蓮因偷地牢鑰匙被發現，被知圓和尚打傷後丟入後山。

紅姑於紅蓮寺後山發現奄奄一息的雪蓮，雪蓮告訴紅姑紅蓮寺中所發生的種種事件後斷氣身亡，紅姑憤慨難平欲剷除作惡多端的甘瘤子一行人。

第六場〈迷魂小青〉為串聯陸小青、柳遲、紅姑等人的過場。陸小青在探查少女失蹤事件時，在樹林中迷失方向遇上逍遙仙姑。逍遙仙姑對陸小青使用迷魂之術，試圖將陸小青帶走。

柳遲見狀心生疑惑，出手解救陸小青。眾人會合後得知卜文正及失蹤少女皆被關押在紅蓮寺中，遣派神鷹將消息傳遞給呂宣良及沈棲霞二人，一同計畫潛入紅蓮寺中解救卜文正等人。

第七場〈火燒紅蓮寺〉為「火燒紅蓮寺」故事情節呈現的一場，也是全劇最高潮之處。

陸小青以借宿之名義，進入紅蓮寺進行探查，發現紅蓮寺機關重重，眾人決定等待呂宣良及沈棲霞到來，一同破開紅蓮寺機關。紅蓮寺內，甘瘤子一行人意圖拉攏卜文正，卜文正抵死不從被關押至銅鐘之中。

呂宣良率領所有人一同攻破紅蓮寺，雙方對陣的過程中甘瘤子喪生，知圓和尚等人則逃離紅蓮寺。

最終，於銅鐘之下解救了卜文正。在紅蓮寺中受到迫害的少女不盡其數，卜文正決定將神尊移開，火燒紅蓮寺後殿，讓後殿之地重見光明，並舉辦法會超度枉死冤魂。在一片火光之中，事件落幕。

二、薪傳歌仔戲劇團《俠女英雄傳》結構佈局

《俠女英雄傳》將原先《火燒紅蓮寺》的四場改為八場，打破了原先主題式的情節結構，進行了比較細膩的分場。全劇的敘事方式，還是以順序為主要敘事手法，但由於場次的新增以及調整，使得此版本的結構出現了些微的差異，也更顯得緊密。

筆者將各場次的分場製成表格呈現，接續將針對各場次進行事件、結構佈局的分析。

表 3：《俠女英雄傳》場次表

場次	序場 〈佔寺〉	第一場 〈爭財產〉	第二場 〈甘家婚禮〉	第三場 〈紅姑下山〉
分場一	0-1 佔寺	1-1 靈堂	2-1 甘家婚禮	3-1 紅姑下山
分場二		1-2 爭財產	2-2 柳遲下山	

分場三				
分場四				
分場五				
分場六				

場次	第四場〈發現真相〉	第五場〈查民情〉	第六場〈迷魂小青〉	第七場〈火燒紅蓮寺〉
分場一	4-1 發現真相	5-1 假和尚	6-1 迷魂小青	7-1 陷阱
分場二	4-2 劫庫銀	5-2 察民情		7-2 解圍
分場三	4-3 出走一	5-3 酒店		7-3 大雄寶殿
分場四	4-4 出走二	5-4 卜文正被抓		7-4 破機關
分場五	4-5 過四關	5-5 地牢		7-5 火燒紅蓮寺
分場六	4-6 神鷹救人			

製表人：江君儀（資料出處：筆者參考《俠女英雄傳》劇本整理）

（一）序場〈佔寺〉

此序場為《俠女英雄傳》中才新增的場次，以紅蓮寺被佔據作為全劇的起頭。序場直接以開門見山的方式，說明了紅蓮寺一眾為何幫助甘瘤子等人行惡，更揭露出與甘瘤子勾結行惡的角色人物，顯現甘瘤子一派的人物關係。並且先破題說明佔據紅蓮寺的原因，為紅蓮寺事件的發展，進行合理的解釋。整場節奏不緊不慢，像是前導說明一般，為後續事件進行鋪陳。

（二）第一場〈爭財產〉

以紅姑哭靈作為開場。在 1-1 場中，哭靈的段落節奏緩慢，回憶片段節奏拉回正常，回憶片段後回到緩慢的節奏，1-2 場親族出現爭奪財產的事件，使得節奏逐漸轉快，直至此場結束。結構上形成了幾個戲劇事件：

1. 解釋紅姑為何穿紅衣（與後面劇情沒有特別的關聯性）。
2. 小桂武跌入懸崖，生死未卜。
3. 紅姑與陳繼志，被沈棲霞解救，帶往仙山。

此場次中，小桂武的下落與紅姑的離去，形成了兩條故事發展線。

（三）第二場〈甘家婚禮〉

以桂武作為發展重點，藉桂武一角串聯後續其他角色人物與事件。在 2-1 場時，時空直接拉至十年後，桂武與甘聯珠成親，而前來甘家寨祝賀的人們正籌備著行惡的陰謀。2-2 場，則描述柳遲受呂宣良的命令下山。

整場戲的節奏處於偏快的狀態，敘事為主要目的，省略了比較繁複抽象建構（《火燒紅蓮寺》的〈甘家婚禮〉左右舞臺切開構成兩組人馬對比）。在結構上處理、建立了幾個事件：

1. 快速的交代桂武十年來的遭遇，如何進入甘家寨。
2. 呂宣良命令柳遲下山處理紅蓮寺妖僧之事
3. 柳遲說明要引桂武離開甘家寨。

此場次雖說在戲劇的節奏上整體偏快，但建立的事件卻是與後續情結發展的重要接點。

藉由呂宣良的全知視角，道破紅蓮寺被妖僧控制之事，在藉著柳遲下山引開桂武，使帶著呂宣良命令的柳遲與桂武產生交集。劇中角色人物，藉著事件安排，開始與紅蓮寺產生關聯性。

（四）第三場〈紅姑下山〉

〈紅姑下山〉一折，為整齣戲中最短的一折戲。主要描述紅姑與陳繼志十年來的去向，以及沈棲霞交代二人下山要做的事情。整體節奏不緊不慢，以敘事為主。結構事件：

1. 交代紅姑與陳繼志十年來的遭遇。
2. 沈棲霞接到道友驅使神鷹送來的書信，神鷹的出現揭露沈棲霞與呂宣良是友非敵的關係。
3. 沈棲霞告知紅姑二人下山若遇上卜文正務必出手幫忙，藉此為卜文正的故事情節埋下伏筆。

《俠女英雄傳》紅姑下山的情節，與前一版本《火燒紅蓮寺》的安排不同。在《俠女英雄傳》中，將紅姑下山的情節移動到〈甘家婚禮〉一折的後面，改變了整齣戲的發展節奏，使敘事為主要的場次集中在一起，不斷的揭露事件，串聯起全劇事件及其相關角色人物。

（五）第四場〈發現真相〉

此場次將重點放在揭露甘家寨的真面目上。4-1 開場時，桂武於樹林之中練武、思考岳父甘瘤子的話，主要為桂武抒情的段落，整體節奏緩慢，直至柳遲出現，節奏拉回正常速度。

4-2 場甘瘤子劫庫銀、威脅卜文正、殺害官兵的戲劇事件，使整場節奏速度逐漸轉快。4-3 場一開始，為甘聯珠個人的抒情段落，節奏較慢，而後桂武歸來，兩人的對質中，節奏逐漸提升。

4-3 場至 4-6 場，在桂武、甘聯珠的對質過程、兩人出逃甘家寨、追魂劍斬雞頭、神鷹救人的幾組事件下，節奏一直處於快速、緊湊。總整第四場〈發現真相〉的整體節奏，由慢漸進至快，直至收場。

結構上出現比較多的衝突事件：

1. 柳遲出現告知桂武甘家寨作為，使桂武為了解決疑惑，躲藏至東邊樹林看到甘家寨真相。
2. 甘瘤子帶領手下劫卜文正押送的官銀，使甘瘤子一方與卜文正一方產生關聯性。
3. 桂武與甘聯珠的對質，兩人出逃甘家寨。過程與甘祖母、甘大娘有情感上的衝突。
4. 呂宣良遣派神鷹救人，讓桂武、甘聯珠兩人順利離開甘家寨。
5. 常德慶出現追殺桂武、甘聯珠。
6. 紅姑與陳繼志出現，解救桂武及甘聯珠。
7. 紅姑與桂武姑侄相認。

藉由多件衝突事件的安排，促使多方人馬產生關聯性：

1. 呂宣良及柳遲與桂武產生關聯。
2. 甘瘤子與卜文正的正邪兩方碰撞。
3. 紅姑與桂武的相認，將原以斷開的關係線再度接上。

由於整齣戲角色人物眾多，此場次安排的事件，建構了更完整的角色關係，避免後續情節發展時，出現角色人物關係交代不清的問題。

（六）第五場〈查民情〉

揭露紅蓮寺中和尚的惡習後，以卜文正一角推動情節發展。在 5-1 場的節奏輕快，在輕鬆輕快的節奏中，展現知客和尚帶眾和尚綁架民女的所作為所。5-2 場，藉著一聲聲的幕內白，使節奏跟氛圍較為壓抑緩慢。5-3 場酒店至 5-4 場卜文正被抓，節奏隨著劇情發展，逐漸轉快，直至最後 5-5 場，雪蓮被丟到後山，紅姑聽聞紅蓮寺內之事，節奏急轉變慢，再隨著紅姑激昂的唱段，跟隨唱段節奏，此場戲的整體節奏被拉快，最後於情緒高點收場。重點呈現事件：

1. 紅蓮寺和尚抓走民女。
2. 卜文正與陸小青兵分兩路，追查少女失蹤一事。

3. 酒店中，尼姑雪蓮的異樣之處，使卜文正展開追蹤。
4. 紅姑一行人於酒店敘舊，認出卜文正，見卜文正離去，追隨其後。
5. 卜文正為救雪蓮被知客和尚抓進地牢。
6. 雪蓮偷取地牢鑰匙，欲救出卜文正及一眾少女，逃離地牢時被知圓和尚等人發現。
7. 雪蓮片體鱗傷被丟入紅蓮寺後山，紅姑遇見受傷的雪蓮，雪蓮告訴紅姑紅蓮寺的惡行。

劇情發展至此，逐漸開始進入紅蓮寺的重點情節。場次中，卜文正及陸小青兩人分開追查少女失蹤之事，使兩人各自展開追查過程的情節。卜文正於酒店探查時，讓卜文正與紅姑一行人產生連結。

卜文正被關押在紅蓮寺中，消息的傳遞靠著雪蓮帶出來，藉著雪蓮遇上紅姑之事，讓原先只是受到沈棲霞交代幫忙卜文正躲過江湖追殺的紅姑，與紅蓮寺的情節產生關聯。

再藉著雪蓮的遭遇，引出紅姑俠義、為民除害的心理。而卜文正被抓後，勢必要先展開其他的情節，使整體戲劇結構有起伏變化，這時陸小青的情節線，就會變成是接續要發展及解釋的部分。

（七）第六場〈迷魂小青〉

以陸小青作為開場，整場戲主要串連起柳遲一方、紅姑一方、陸小青一方的角色人物。整場節奏緊湊，不拖泥帶水，直接切入重點交代劇情。主要建構的事件：

1. 逍遙仙姑迷魂陸小青
2. 柳遲欲解救陸小青，一人不敵兩人。
3. 紅姑一行人出現相助。
4. 神鷹來信，眾人前往紅蓮寺。

逍遙仙姑迷魂陸小青的情節，其實不影響整齣戲的發展，若是安排陸小青迷失在樹林裡，直接遇上柳遲等人也在合理的範圍內，並不突兀。但迷魂的事件，主要是為了引起整場戲的衝突，使柳遲、紅姑一行人出現解救陸小青，呈現較為大氣的場面設計。

此段中有一個容易讓人產生誤會的點，在於柳遲與紅姑因何相識？這個部分拉至第三場〈紅姑下山〉的細節，便可得到問題的答案。

紅姑下山前，沈棲霞收到神鷹送來的信件，說明了是道友送來的消息，神鷹為呂宣良所遣派的幫手。由此可知紅姑的師傅沈棲霞與呂宣良原先就是認識的，而柳遲是呂宣良的徒弟，故紅姑與柳遲原先就相識的情況，實屬合理。

此場戲於整個戲劇結構來說，開始進入合的部分，大部分事件皆已經揭發，人物角色也於此場中進行完整的串連。

（八）第七場〈火燒紅蓮寺〉

最後一場為所有事件進行最後的收尾與解釋。整場戲主要以緊湊快速的節奏呈現。7-1 場陸小青探寺，雖然氛圍安靜詭異，但由於不斷的躲藏與機關的呈現，使節奏上並沒有因氛圍而轉慢。唯獨在 7-3 場卜文正的段落時，呈現悲憤的氛圍，節奏趨於緩慢。

隨後緊接著全面開戰，武戲的場面調度使得節奏快速，直至最終救出卜文正，在嚴肅且俠義精神的展現下結束。這場戲的節奏可以說是由快至中慢速度，再由中慢速度逐漸轉快，直至最後的不緊不慢。而結構上，則是需要進行所有事件的交代：

1. 揭露險惡的紅蓮寺內部。
2. 卜文正抵死不從，被關入銅鐘。
3. 呂宣良、沈棲霞的出現。
4. 正邪雙方開戰。
5. 甘瘤子、知客和尚被殺，常德慶、知圓和尚、逍遙仙姑逃離。
6. 救出卜文正。
7. 卜文正下令舉辦法會、火燒紅蓮寺。

最後一場戲，大部分的事件都得到完善的解決，但在常德慶一行人的去處的交代處理上並不完善，僅透過陸小青的口白中說明。另一個處理較為不順暢的地方在於眾人救出卜文正的過程，卜文正被關押在銅鐘之下，眾人尋找過程中，呂宣良突然說從紅蓮寺妖僧那邊得知卜文正被蓋在銅鐘下，情節安排上略顯得突兀。

《俠女英雄傳》中，將敘述為主的場次集中放置上半場，進行事件鋪陳。再藉由小衝突的發展，循序漸進引發事件、使人物進行串聯，在中後段後則是大量引發衝突，使戲劇軸線不斷上揚，直至最後一場達到戲劇的高潮，在轉而進行收尾。整體的結構安排，偏向是循序上揚的波動線。

總體來說，《俠女英雄傳》將《火燒紅蓮寺》作為基礎，再製演過程進行了部分情節架構的修改，使整齣戲的戲劇結構上更加流暢。可見製作團隊在重新製演時，不只是將戲碼原封不動的挪移到不同的舞臺上，而是於一劇之本上，就開始進行檢視，修正、調動場次，使得原先不合理或是不順暢的情節，得到合理完善的調度安排。

第四節 《火燒紅蓮寺》及《俠女英雄傳》文本差異比較

兩齣劇目從初版到再製演版，為了使情節發展的節奏更加緊密、符合邏輯，並減少抵觸宗教信仰的可能性，於整體架構上進行了部分的修改，將前後場次進行調度，並新增或刪減濃縮部分場次。針對差異之處，筆者於此章節進行異動情節之分述。

一、《火燒紅蓮寺》及《俠女英雄傳》場次異動

（一）〈紅姑下山〉一折的挪動

在《火燒紅蓮寺》中，〈紅姑下山〉一折安排於下半場〈煉獄浮屠青天困〉的第二分場；而《俠女英雄傳》中〈紅姑下山〉一折則挪動至於上半場的第三場，而兩個版本的〈紅姑下山〉情節內容大致上沒有差異，唯對白有些微的調整。

原先《火燒紅蓮寺》的場次安排，導致紅姑一角第一次出場的主要場次與第二次出場的主要場次相差太遠，模糊了對角色的人物形象，也使紅姑角色的前後差異對比較為薄弱，除此之外對於全劇的情節架構也有部分的影響，〈煉獄浮屠青天困〉一場，主要推展卜文正的情節線，接續揭露紅蓮寺的情節線，在〈紅姑下山〉一折中，雖然主要內容為沈棲霞交代紅姑下山後要行俠仗義以及幫助卜文正，但後續紅姑跟卜文正並未有過多的交集，將此折戲放置〈野和尚〉一折的後面，導致「少女失蹤事件」有被切斷之感，對於全劇的情節推動並無太大的幫助。

在《俠女英雄傳》中，此折戲被安排於上半場〈柳遲下山〉之後，於紅姑一角來說，頭場的軟弱無力至十年後的滿身俠氣，在上半場皆呈現出來，角色人物的性格轉換較為強烈。

於全劇的架構來說，接連兩場角色人物下山有助於故事線的同時發展，〈柳遲下山〉為呂宣良要柳遲下山幫助桂武，〈紅姑下山〉為沈棲霞要紅姑下山幫助卜文正，以劇中的故事時間軸來說此安排較為合理，雙方同時處理兩個

事件，而非一個事件結束後在處理第二個事件。跳脫戲劇中的時間軸來看，此場次挪動至上半場，可以將戲劇的懸念集中在上半場呈現，下半場開始陸續交織人物、事件以及解結，以符合戲劇「起、承、轉、合」的故事曲線。藉〈紅姑下山〉一折挪動與其前後場次對比差異，可得出：

1. 紅姑的角色人物形象更為鮮明。
2. 集中故事的懸念於上半場，使下半場的情節推動更加順暢。

由此可見，此折戲有其挪動的必要性，以助於全劇情節更加連貫、緊密。

（二）〈逍遙仙姑〉一折改為〈迷魂小青〉

兩齣戲於此段內容未有太大幅度的修正，一個是角色出場先後順序的掉換，第二則是解救陸小青的角色人物變動。

原先〈逍遙仙姑〉一折，逍遙仙姑早於陸小青之前出場，有一連串的身段動作，而逍遙仙姑於身段及台詞呈現出見到遠方有一長相英俊的青年，隨後躲藏起來，暗中跟隨陸小青，創造巧遇的情形。在〈迷魂小青〉中則是刪去了逍遙仙姑前面的身段動作，直接以陸小青作為開場，逍遙仙姑隨後才出場，逍遙仙姑見陸小青長相英俊，才前去搭話。一個創造出刻意設計巧遇的情形，一個則是真正為巧遇的情形。

而後續逍遙仙姑迷魂陸小青的段落，《火燒紅蓮寺》中陸小青單靠柳遲一人解救；在《俠女英雄傳》中，則是柳遲欲解救陸小青，但陸小青處於被迷魂狀態，一人敵二略處劣勢，紅姑一行人出現一起解救陸小青。

此段落修改的幅度不多，但刪去逍遙仙姑的身段，將出場順序進行調換，有助於整齣戲的結構更加緊密。解救陸小青將柳遲一人改為柳遲及紅姑一行人，這樣的安排，能夠更順利的牽引出解救卜文正的劇情，進行各個人物的安排。

筆者認為此折戲會進行部分修改、更改折子名稱，主要因為：

1. 將逍遙仙姑個人的身段動作展現刪除，在使用逍遙仙姑作為此折命名並不切題。
2. 此折的情節內容，主要環繞在逍遙仙姑迷魂陸小青上。

將〈逍遙仙姑〉改為〈迷魂小青〉，為一個比較契合劇情內容的修正。

（三）〈陷阱〉一折改為〈探寺〉

《火燒紅蓮寺》中〈陷阱〉及《俠女英雄傳》中〈探寺〉，其內容皆為陸小青於八月中秋，潛入紅蓮寺中查探消息。在〈陷阱〉一折中，開頭為陸小青、柳遲、桂武、甘聯珠四人，於紅蓮寺外準備讓陸小青以借宿為理由，借宿紅蓮寺中趁機查探消息，試圖裡應外合救出卜文正。隨後場景轉換，陸小青由知客和尚牽引至客房休息，在知客和尚離開後，陸小青離開客房暗中進行調查。

調查過程陸小青因擔心卜文正遇害，【新雜碎】以抒情的方式進行演唱。燈光轉換後，紅蓮寺開始出現若干女子以及各式機關，柳遲、甘聯珠藉機潛入紅蓮寺與知客和尚等人碰上，雙方追逐後，陸小青、柳遲、甘聯珠因不敵紅蓮寺中眾和尚，從天窗逃離。

〈探寺〉一折，直接以 OS（幕內白）呈現陸小青欲借宿紅蓮寺的對白，刪除了原先四人於紅蓮寺外的對白，並將【新雜碎】改為以 OS 的方式呈現。陸小青探查紅蓮寺的過程，融入【新雜碎】的唱段之中，以身段躲避寺中機關，並與機關中躲藏的和尚進行武戲場面呈現。後陸小青不敵，由紅姑出面進行解救。

〈陷阱〉改為〈探寺〉，刪除了不必要的對白，且將唱段的呈現方式改變捨去優柔抒情的方式，使陸小青夜探紅蓮寺的過程更顯驚險，也凸顯了陸小青一角剛毅的形象。

（四）〈紅蓮劫〉、〈全面開戰〉兩折合併為〈大雄寶殿〉一折

《火燒紅蓮寺》中〈紅蓮劫〉一折戲，主要描述卜文正不願接受甘瘤子的提議，寧死不屈，後被關押至銅鐘之下。〈全面開戰〉則是呂宣良一行人到達紅蓮寺要解救卜文正，甘瘤子等人不交出卜文正的下落，雙方打鬥起來。《俠女英雄傳》將兩個部分的情節融為〈大雄寶殿〉一折，主要情節內容，未進行過多修正，僅部分口白順序調換、刪減。

〈紅蓮劫〉、〈全面開戰〉兩折戲合併為〈大雄寶殿〉一折，筆者認為主要是因為布景運用及換景的緣故，才將兩折戲進行合併。在《火燒紅蓮寺》中，〈紅蓮劫〉一折的場景是在紅蓮寺中，〈全面開戰〉開頭場景，是在紅蓮寺外的竹林，後才換景轉為紅蓮寺內。

而《俠女英雄傳》的〈大雄寶殿〉一折，場景皆是在紅蓮寺中，前卜文正一段僅是於高台上加上椅子，後段全面開打則是將椅子撤離高台，整體高台、布景皆未進行改變。

此場次的異動不似〈紅姑下山〉及〈探寺〉的異動，對於全劇的結構有比

較大的影響。

兩折戲的合併，主要原因可以歸納於場景轉換之上，針對有沒有轉場換景，進行折子拆解或合併的調整，但此兩折戲合併對於整體情節上並未出現太大的影響。

以合理性來說，《火燒紅蓮寺》於兩折戲進行場景的轉換，合理性較高，因《俠女英雄傳》未進行場景轉換，導致出現呂宣良等人直接闖進紅蓮寺內，無人阻擋的突兀之感。

二、《俠女英雄傳》新增及刪減場次

（一）新增〈佔寺〉序場

《俠女英雄傳》增加了序場〈佔寺〉一折，說明紅蓮寺被甘瘤子等人佔據，作為他們搶奪資源的秘密軍基地，為了不使人起疑，甘瘤子命令甘菲霸假扮知圓和尚，擔任紅蓮寺住持。

筆者認為新增序場〈佔寺〉一折，是為了符合前面章節提及的詆毀佛教問題，為了避免涉及詆毀佛教聲譽，先行對紅蓮寺的背景進行交代。一方面解釋了佛門勝地因遭惡人佔據，所以設有殺人機關，另一方面則是解釋了，甘瘤子如何將知圓和尚安插進紅蓮寺中，雙方裡應外合的過程。

（二）刪除〈追魂劍〉場次

原在《火燒紅蓮寺》中，桂武及甘聯珠逃離甘家寨後，甘瘤子追殺兩人唱：

【漢調】
掌如開弓放雕翎。
太陽頭上放火星，
逆女敢犯甘家令；
百里飛箭不容情，
定取恁夫妻的性命。〔註24〕

呈現了甘瘤子狠戾的性格，對於觸犯甘家寨規矩的人，皆不放過，即便是自己的親生兒女也是一般。另外透過唱詞，可知甘瘤子確實放出追魂劍，去追殺甘聯珠及桂武。

此場次於《俠女英雄傳》中刪除，因前後段情節皆已確實交代了追回劍一

〔註24〕廖瓊枝文教基金會：《火燒紅蓮寺》演出劇本，未出版。（由財團法人廖瓊枝基金會提供參考使用）

事，此段落保留與否皆不影響整體劇情的走向。

（三）刪除〈風雲起〉場次

〈風雲起〉一折，在《火燒紅蓮寺》中，僅為紅姑、陳繼志、桂武、甘聯珠四人的身段動作過場，配合幕內唱（OS）：

【新編曲調】
紅蓮本是出污泥，
墮落淫邪佛也悲；
風雲四起群俠起義，
掃盡奸惡天下平。〔註25〕

《俠女英雄傳》的劇本分場中，雖有〈風雲起〉一折的指示，但於現場演出所出版的 DVD 中，將此折戲刪除。詳細探究兩版的影片及劇本後，《俠女英雄傳》將〈風雲起〉改為呂宣良及沈棲霞兩人趕往紅蓮寺的過場，並將其納入〈迷魂小青〉一折中。

（四）刪除〈甘家父女〉場次

原先《火燒紅蓮寺》中，甘瘤子與甘聯珠在全面開戰時，有一場父母之間的戲。主要內容為全面開戰的過程，甘聯珠與桂武兩人遇上了甘瘤子與常德慶，甘瘤子責怪桂武將甘聯珠帶離甘家寨，而甘聯珠則是希望父親甘瘤子可以收手。甘瘤子在殺與不殺之間來回猶豫時，常德慶不斷在一旁吹耳邊風，說不孝女就應該殺，因此雙方再度交戰。

交戰過程，紅姑、柳遲、陸小青等人趕到，常德慶被壓制，而甘瘤子在交戰過程中，被柳遲一劍刺死。原先此段落的安排，較為緩慢，凸顯了甘瘤子與甘聯珠的父女之情。

而《俠女英雄傳》中，不刻意凸顯此部分的情節，將口白融入於開打的身段動作當中，節奏較為緊湊。

且修正了原先柳遲一劍刺死甘瘤子的安排，改為常德慶失手誤殺甘瘤子。常德慶想替甘瘤子除掉甘聯珠，使用了掌心雷，甘瘤子為甘聯珠擋下掌心雷，死在甘聯珠懷裡。此段落的修改，使得全面開戰的節奏更加緊湊，符合當下的氛圍。

〔註25〕薪傳歌仔戲劇團：《俠女英雄傳》演出劇本，未出版。（由薪傳歌仔戲劇團提供參考使用）

三、《火燒紅蓮寺》及《俠女英雄傳》情節架構中內容差異

（一）陳友蘭的意象

第一場戲中紅姑對於友蘭的思念，在《火燒紅蓮寺》中僅出現投影及聲音與紅姑對話，塑造成友蘭魂魄回來的意象，並且紅姑於一開始就在白色素衣裡著紅衫，聲稱友蘭喜看紅姑穿紅衣。

在《俠女英雄傳》中，則是將友蘭實體化，並且多了一段紅姑的回憶，回憶中友蘭幫紅姑穿上紅衫，談及友蘭喜看紅姑著紅衫，在將回憶片段慢慢抽離。

（二）桂武與紅姑的相認

劇中桂武與紅姑在被親族追殺時分散，相隔十年後，姑侄二人相認。在相認的部分，《火燒紅蓮寺》中並沒有安排事件讓兩人相遇，而是直接在〈酒店〉一折戲中，讓紅姑、陳繼志、桂武、甘聯珠四人一同出場，四人於酒店中敘舊時，紅姑的口白言：

> 想不到咱們分別十年，這次我下山回轉故鄉，竟然會當恰你再次重逢，咱姑侄一定愛好好講一下。〔註26〕

將桂武相遇的過程，藉著口白進行說明。而《俠女英雄傳》則是安排了紅姑、陳繼志解救桂武與甘聯珠的事件，讓兩方人馬產生相遇。隨後藉由角色人物的對白，使雙方相互確認身份及關係。

兩版本呈現了姑侄相認的不同分歧，造成了部分情節變動。筆者認為「桂武與紅姑角色的相認的情節差異」分為：

1. 無預警相遇，減少角色相遇的著墨以及淡化雙方人馬在相遇所產生之衝突與分歧，以精簡情節主線鋪陳。
2. 藉由主體情節事件的安排為導向。

《火燒紅蓮寺》的相認模式為第一種，角色人物並不是因為特殊事件而相遇，而是直接安排角色人物一同出場，藉口白內容簡略帶過相遇過程。《俠女英雄傳》則是安排了紅姑解救桂武的事件，直接將相認的過程安排於劇情之中。

相認過程的口白描述，呈現了角色人物認知上的差異性。《火燒紅蓮寺》

〔註26〕廖瓊枝文教基金會：《火燒紅蓮寺》演出劇本，未出版。（由財團法人廖瓊枝基金會提供參考使用）

中，紅姑的「咱們分別十年」、「再次相逢」口白，顯得紅姑知道桂武於懸崖跌落時並未喪生，只當是姑侄分別，十年後再度重逢。

《俠女英雄傳》中，則是讓桂武先認出紅姑，紅姑接著詢問當初跌落懸崖如何活下來，顯示了紅姑在認知上，一直認為桂武早已於十年前喪生。而桂武針對自己跌落懸崖後的遭遇進行說明，給予劇中人物及觀眾完整的解釋。

紅姑與桂武相認與否，兩種相遇的模式，對於全劇的情節走向並沒有太大的影響之處。但《俠女英雄傳》此情節的修改，使得前面建立的懸念，得到比較妥善且完整的處理。

（三）卜文正與陸小青的上下關係

兩齣戲皆有〈察民情〉一折，是交代、串連情節的一個極短小過場，卻呈現出了卜文正與陸小青之間，上司與下屬的主從關係。

在《火燒紅蓮寺》中，卜文正處於較為被動的狀態，對於調查少女失蹤之事，沒有明確執行調查計畫的方向，反而是陸小青對事情進行全面關照，認為少女失蹤一事其背後牽涉著更的陰謀，並提出「打扮白身」的暗查方法，卜文正也依從了陸小青的提議。

此段呈現出了卜文正雖為陸小青的上司，但智謀卻是陸小青略勝一籌，兩人的主從關係，官位為卜文正在上，實則決策權卻是在陸小青身上。

《俠女英雄傳》則將這樣翻轉的主從關係進行導正，讓卜文正佔有更多的話語權以及決策權，將原先對白改為唱段，加強卜文正的正義形象，並刪去陸小青對少女失蹤一事的推論，讓兩者的主從關係達到平衡。

由此可見於《俠女英雄傳》，兩者的主從關係更加的明確，減少讓觀眾產生卜文正名不符實的印象。

（四）尼姑雪蓮的犧牲

在寺廟地牢的部分，《火燒紅蓮寺》並未仔細交代雪蓮如何拿取到地牢鑰匙解救了卜文正及其他被軟禁的女子，在雪蓮解救完他們後，被寺廟知圓和尚發現，在寺中被一刀殺掉。

同一場戲中《俠女英雄傳》交代了雪蓮是色誘和尚，取得地牢鑰匙，一樣在解救卜文正時被知圓和尚發現，但並未一刀殺死，只是被毒打後丟棄在荒郊野外，雪蓮奄奄一息之時，被紅姑發現，雪蓮向紅姑交代了卜文正的下落及其他女子被軟禁的過程，請紅姑出面解救後，雪蓮才在紅姑懷中斷氣而亡。

（五）紅姑的俠義精神

《俠女英雄傳》中，刻意凸顯了紅姑一角的重要性及其「俠義」精神。此俠義精神的展現於〈地牢〉一折戲中，紅姑於紅蓮寺後山發現奄奄一息的雪蓮，雪蓮告知紅姑紅蓮寺的惡行後斷氣身亡，這樣的衝擊，引起了紅姑滿腔憤怒。

紅姑：【新編曲】
令人恨，令人腦，罵聲惡賊徒，
霸佔寺，皈佛門，欺僧害尼姑。
抓明官，亂社會，無惡不做，
累積多，傷天理，殘害無辜。
俗語道，舉頭上，三尺有神明，
你狼心，狗膽量，滿腦惡念生；
你罪惡，已貫滿，歹事已做盡，
人咒罵，法難容，天神不容情。〔註27〕

此段新編曲調，採快板的方式進行演唱，拋去常用的七字一句的格律，改而已三字、五字的斷句風格演唱，呈現、堆疊紅姑憤恨不已的情緒反應。

紅姑：【新編曲】
以往我是弱女子，
如今有鍛鍊好功夫，
江湖道上人稱俠女，
我要護民保官將惡除。〔註28〕

層層憤怒情緒藉由快板抒發後，曲調轉調為中、慢板旋律，展抒情的一面。唱詞內容顯現了紅姑內心世界，紅姑回憶起過往尚未習武，處處被人欺壓，而如今已鍛鍊出不凡的武藝，下山闖蕩於江湖之中，被人稱為俠女。為不辜負「俠女」之名，紅姑決定護民保官，將奸惡之人剷除。

兩段新編唱詞中，呈現快板敘事及中慢板抒情，凸顯了紅姑一角的內心轉變，並展現了紅姑欲逞奸除惡的俠義精神。

〔註27〕新傳歌仔戲劇團：《俠女英雄傳》演出劇本，未出版。（由新傳歌仔戲劇團提供參考使用）

〔註28〕新傳歌仔戲劇團：《俠女英雄傳》演出劇本，未出版。（由新傳歌仔戲劇團提供參考使用）

（六）迷魂陣法的用途

《火燒紅蓮寺》中逍遙仙姑設下迷魂陣法後，紅姑才前來破陣，並沒有實際出現落入陣法的現象。

《俠女英雄傳》逍遙仙姑設下迷魂陣法時，是已經看見紅姑的狀態，並對紅姑下迷魂陣，紅姑隨之出現幻覺。舞臺上陳友蘭、甘聯珠出現與紅姑進行對話，加強幻覺的呈現，後紅姑才使用梅花針進行破陣。

兩種版本呈現了視角上的差異，一個為事先為之且不針對特定人物，一個為刻意為之且針對特定角色人物。在後者上，形成一種迷魂陣因人而設之感。

（七）惡徒的去處

關於惡徒的最後的去處，在《火燒紅蓮寺》中有進行比較完整的交代，在〈全面開戰〉一折中安排了角色人物的對白，說明了幾個人最終的去處。甘瘤子被柳遲刺殺，常德慶、知圓和尚、知客和尚、逍遙仙姑，認為留得青山在不怕沒柴燒，四人決定逃離紅蓮寺。

《俠女英雄傳》中則是省略了惡徒去處的完整交代。〈全面開戰〉一折中，甘瘤子被常德慶誤殺，知客和尚被紅姑的梅花針所殺，其他三人在打鬥後逃走。

並沒有幾人單獨出現探討去處的對白，僅在最後藉由陸小青說明，惡徒們身受重傷，不可能逃離紅蓮寺，要大家在附近繼續搜查，顯示了幾個惡徒的去處及狀態。

在惡徒去處的處理上，筆者認為《火燒紅蓮寺》的處理較為合理適當，藉由部分對白，完整交代惡徒的去處，解決了事件遺留下來的懸念。在《俠女英雄傳》中的處理方式並沒有不合理，只是相較起來，容易讓觀劇者留下懸念，甚至出現交代過於草率之感。

（八）卜文正的愛民之心

卜文正的愛民之心顯現於兩個情節上，一個為親自押送官銀，賑濟災民。另一個則是積極追查少女失蹤之事。兩個情節的發生，都使卜文正陷入危難之中，因此更加顯現了卜文正清廉愛民的形象。

但在《火燒紅蓮寺》中，卜文正從銅鐘之下被救出之後，並未針對少女失蹤一事進行說明，而是直接下令火燒紅蓮寺。

在《俠女英雄傳》裡則增加一段對白，間接少女失蹤一事進行收尾：

陸小青：大人！我先帶你離開這是非之所。

卜文正：且慢！這間紅蓮寺被賊徒霸佔並在後殿地下造機關，變成龍潭虎穴不知危害了多少人命，在此流血汙染清靜地靈，小青～

陸小青：在。

卜文正：傳令下去，令眾軍士先將神尊移開，後殿放火燒化，讓地靈重見日月星三光趕走陰氣，並搭高台做七七四十九天的大法會超渡枉死冤魂，讓您早日超生，再重建紅蓮寺後殿，不得有誤。

陸小青：是……（轉身對外）來人哪！提督大人有令，準備將後殿的神尊移開再候令。〔註 29〕

在對白中，卜文正先展現了對失去人命的嘆息，而令人將神尊移開的舉動，凸顯了此角色人物對於神佛的敬重。

最後，命令舉辦法會超渡亡魂的行為，更是彰顯卜文正敬神佛、惜人命的人物性格。

〔註 29〕新傳歌仔戲劇團：《俠女英雄傳》演出劇本，未出版。（由新傳歌仔戲劇團提供參考使用）

第三章　歌仔戲《火燒紅蓮寺》與《俠女英雄傳》戲曲表演探討

源起於民間的歌仔戲在不斷吸收他者元素進行發展的過程中，歷經了落地掃、小戲、大戲等不同的型態，而走向現今精緻化（劇場）歌仔戲的樣貌。起初歌仔戲的表演結構多以「三小戲」為主，演出內容以生行、旦行以及丑行的展現作為戲劇呈現之核心，戲文內容較為通俗、近人情。

但隨著時代的改變，除了陳舊一再搬演的戲文逐漸滿足不了觀眾以外，科技的進步也逐漸改變了觀眾對於觀戲的認知，各個劇團在角逐的過程中，發展出許多新的戲文，情節、角色人物也隨之豐富多元。

過往「三小戲」的表演結構依然存在於歌仔戲之中，但其他的表演結構，如：「雙生雙旦」、「一生一旦一丑一彩旦」等結構也廣泛的出現在歌仔戲之中，不再如過往戲劇情節單一、角色人物簡單，而朝向了結構複雜化的方向進行發展。

百年來，歌仔戲在演變的過程中，於戲的製作，除了戲劇情節及角色人物設定逐漸複雜、多元化之外，在音樂編制上以及曲調運用上也逐漸豐富，舞臺技術、美術更是朝向與科技結合，不斷創造出新的可能性。於人的方面，演員除了傳統戲曲的表演訓練方式外，也接受許多不同西方戲劇的表演訓練方法，或是進行不同劇種間的交流，提升演員外在與內在之素質。

觀眾觀戲的動機也不再像似過往一般於閒暇之餘看熱鬧，反而朝向了欣賞自己喜歡的表演藝術者所呈現之表演詮釋，抑或是針對劇目、劇本所要探討的議題內容，進行選擇性的觀劇體驗，並針對該次觀劇經驗總整觀後感，進行對於劇目、演員、音樂、舞臺等進行評論。

由此可見劇種的成長，並不是單一性的，而是一種隨著時代推移，由點至線至面，更加多元、多方向性的全面提升。

這樣的全面發展及提升，讓過往搬演過的劇目，展現了新的可能性。無論是傳統古路戲又或是新編劇目，在透過不同的導演手法、演員詮釋、演出舞臺、軟硬體設備的運用、服裝梳妝風格等因素變化，進行劇目的再製，使曾搬演過的劇目，煥然一新。

以下筆者就兩劇目角色人物塑造與演員詮釋風格進行爬梳，分析、比較兩劇目之差異。

第一節 《火燒紅蓮寺》角色形象塑造與演員詮釋風格

「戲曲」之表演藝術，角色行當的區分為首重。當觀眾只見演員出臺，尚未見演員開口，便可以分辨此一角色的行當與性別，這樣的現象可歸於再戲曲中對於角色行當的仔細區分及其獨有特性與規矩，以致演員可以在出場亮相的當下，觀眾便可清出辨別角色的外在特性。

戲曲演員在詮釋角色及劇本時，需要達到形神兼備的狀態，形於四功五法的體現，熟練度及精準度直接影響了戲曲演員對於「形」的塑造，而「神」一方面表現出本身角色行當應有的神情樣貌，另一方面則是演員詮釋角色所展現出的神態。

2011 年所演出《火燒紅蓮寺》與 2017 年演出的《俠女英雄傳》，兩個版本雖然在戲劇的架構上進行了部分修正，在整體情節走向上卻沒有太大的差異變動。但在演員的選用上兩劇出現了明顯的差別，也影響了戲劇呈現的方式與面貌。

兩齣劇目雖劇名不同，但《俠女英雄傳》其實為《火燒紅蓮寺》的重新製演版本，故兩劇於情節上並無太多的更動之處。乍看之下相似度極高，但劇作重製的過程以及演出風格的塑造，仍可藉由角色人物的形象重建、不同演員對於角色的解讀與詮釋，以及演員們本身對於技藝的掌控度所呈現的表演藝術，間接甚至是直接影響了劇中角色人物的形象塑造、唱詞結構、動作設計等戲劇構成的重要元素，也影響了整齣劇作的風格展現與觀眾的觀劇感受。

角色人物的形象塑造，首先於服裝造型、妝容造型上給予觀眾第一印象，而後才是藉著詮釋方式，凸顯角色人物的性格，而其所使用的道具、武器等，則是作為輔助角色形象建構的細節。

詮釋劇中角色人物的演員，其本身擅長的行當，會影響角色人物的發展性，如演員本身是武生，詮釋帶有武藝的角色，比起演員原先是小生，相較來的容易且到位。而 2011 年製作的《火燒紅蓮寺》，部分演員所飾演的角色人物，並非是原先自己熟悉的行當，但依然藉著演員自身對角色的認知、詮釋，展現出一番風味。

以下列出《火燒紅蓮寺》劇中重要角色人物，進行外在角色形象建構的描述，並且將角色人物進行行當分類、羅列詮釋者過往所擅長的行當，將兩者放置進行風格詮釋的分析。由於《火燒紅蓮寺》與《俠女英雄傳》部分角色的詮釋者相同，故筆者將分析重點放置與第二版本不同的演員，進行其演員對角色人物詮釋的風格走向。

表 4：2011 年《火燒紅蓮寺》演員詮釋角色風格

劇中角色	詮釋角色演員	劇中角色行當	詮釋角色演員行當
紅姑	張孟逸	苦旦、武旦	苦旦、正旦
陸小青	吳安琪	武生	小生
甘聯珠	李珞晴	武旦	刀馬旦、花旦
桂武	簡育琳	武生	小生
柳遲	許麗坤	武生	小生
呂宣良	杜建偉	老生	老生、武生
沈棲霞	江亭瑩	老旦	小生
卜文正	史青梅	老生	老生、小生
甘祖母	呂雪鳳（特邀）	老旦	旦、三花
雪蓮	李姵涵	小旦	花旦、小旦
逍遙仙姑	童婕渝	妖婦	花旦、小旦
甘瘤子	吳世明	武老生	武老生
常德慶	謝玉如	粗角	老生
甘大娘	蘇洺芸	老旦	小旦、老旦
知圓和尚	柯進龍	粗角	小生、老生
知客和尚	江俊賢	三花	三花、老生
陳繼志	李怡慧	娃娃生	花旦、小旦
紅姑乳母	杜玉琴（特邀）	老婆	老旦
陳友蘭	江俊賢	小生	丑、老生

製表人：江君儀（資料出處：筆者參考《火燒紅蓮寺》節目單整理）

一、紅姑

（一）紅姑角色形象

劇中主要的女性角色之一，也是劇中唯一擁有兩個性格呈現的主要角色。第一次出場的主要場次中，紅姑的角色性格呈現柔美的弱女子形象，第二次出場，則是展現了英氣俠義的俠女形象。

圖 3-1：《火燒紅蓮寺》紅姑角色造型 1〔註 1〕

圖 3-2：《火燒紅蓮寺》紅姑角色造型 2〔註 2〕

〔註 1〕圖片出處：2011《火燒紅蓮寺》DVD，擷取自 00:02:47。
〔註 2〕圖片出處：2011《火燒紅蓮寺》DVD，擷取自 00:05:11。

在〈靈堂〉及〈爭財產〉兩折戲中，角色的服裝造型皆以白色作為主軸，身上穿著的白素衣分為內外兩層，內層著白色緞面水袖，外層則為可蓋置腳踝的長罩衫，但在彩褲的部分則是穿著大紅色的緞面寬彩褲。

而妝髮造型上為中分古裝頭，另外黏貼美人尖，頭飾則以白色大蝴蝶為主花，搭配長短不一的飄帶。在妝髮上，頭套正面並沒有以頭飾妝點，而是將頭飾放置後面，呈現了角色素淨之感。

圖 3-3：《火燒紅蓮寺》紅姑角色造型 3〔註 3〕

東方傳統的喪葬習俗上，經常穿著白色、黑色等色彩明度低的服裝，且盡量避免穿著大紅大綠的衣著，表示對亡者的敬重。這是普遍我們對於東方傳統喪葬習俗的認知。

兩折戲中，紅姑外著白素衣，內著紅色彩褲的服裝造型，乍看下並不符合傳統習俗的服裝色彩展現，針對此部分，劇中也安排了陳友蘭（紅姑亡夫）喜愛紅姑穿紅衣的情節，對紅姑穿著紅衣進行合理解釋。

於〈紅姑下山〉一折後，角色人物隨著劇中情節安排，呈現不同的角色形象。服裝上以紅色為主，上身穿著兩件式，內裡著武戲短打用衣，移除水袖、有護腕縮口，外罩為長罩衫，下身穿著寬鬆褲裝，腰封連帶小下甲，並有隨身佩劍。

〔註 3〕圖片出處：2011《火燒紅蓮寺》DVD，擷取自 00:03:57。

圖 3-4：《火燒紅蓮寺》紅姑角色造型 4〔註 4〕

圖 3-5：《火燒紅蓮寺》紅姑角色造型 5〔註 5〕

〔註 4〕圖片出處：《火燒紅蓮寺》劇照，財團法人廖瓊枝歌仔戲文教基金會提供。
〔註 5〕圖片出處：2011《火燒紅蓮寺》DVD，擷取自 00:03:57。

這樣的服裝安排，直接展現角色人物擅長武藝的形象，另外也使演員在詮釋角色人物時，不被水袖、裙裝的服裝造型影響人物的動作場面安排。

而紅姑的第三套服裝與第二套的形式雷同，但在材質、繡花、配色上有些微的不同之處。

第二套服裝多以綢緞材質為主，並繡有花紋裝飾，整套服裝為紅金色構成，給人的感覺較為華貴。第三套服裝則以紗材質為主，未有過多的繡花，配色中多添加白色，整體上相較於第二套服裝來的簡潔俐落。

妝髮上跟隨服裝以紅色為主，將原先白色頭飾改為紅色，並於正面添加比較大的主花作為裝飾，後面將白色飄帶也改為紅色飄帶。

（二）紅姑角色人物詮釋

1. 第一場〈哭靈〉與〈爭財產〉兩折

紅姑的初次出場，演員以背臺的方式轉身亮相，並沒有使用傳統幕內至九龍口的亮相方式。唱段及口白，多運用哭腔及啜泣，配合水袖身段，塑造紅姑喪夫的悲痛之感。在紅姑產生友蘭回來的幻覺現象時，視線多往上或是往遠看，透過左右舞臺的來回走動加上拖曳的腳步，詮釋出飄渺追尋的畫面感受。最後跌坐於椅子上，無聲的哭泣，更顯喪夫之痛的情緒。

當親族上門討要財產時，演員使用哭腔帶悲憤的聲音處理口白，加上翻袖背對親族、看到親族靠近微微顫動的身段設計，顯示了紅姑柔弱中帶剛毅的性格。在逃難親族追殺的段落，紅姑一手抱著嬰兒，另一手則是不斷護著桂武，將桂武檔在身後。桂武跌入懸崖使紅姑堅毅的形象瞬間瓦解，在身段動作上，紅姑抱著嬰兒，蹲下以長水袖護住自己的頭，呈現出人類遭遇危機時的反射動作，使身段動作顯得極為真實。

在這兩折戲中，演員詮釋角色時，著重於哭腔的使用，並根據劇情內容以及對戲的人不同，運用不同的聲音表情，建立出紅姑柔弱中帶有剛毅的角色性格。

2. 第三場〈紅姑下山〉一折

〈紅姑下山〉一折戲，由於情節的安排，角色人物的性格有比較大的轉變，改先前的柔弱形象，轉為武藝超群的俠女形象。此場次開始，為紅姑與陳繼志對練的場面安排，兩人對練時，陳繼志因動作不正確鬧彆扭時，紅姑耐心的以身段動作表示：「你到後面，我做一次給你看。」，並在兩人對招過程，陳繼志耍無賴時，展現出無奈又好笑的細節表情，展現對陳繼志的母愛。在師傅沈棲霞出現時，轉而以敬畏的情緒，像師傅請安問好，而後紅姑收到要下山的命令，細節表情呈現不解、不願的樣貌。最後下定決心下山時，又呈現出了勢在必行的俠氣之感。

演員在此折戲中，快速的進行了四種情緒轉換，對於陳繼志的母愛展現、對於師傅的敬愛敬重、對於現今生活的不捨、對於行俠仗義的大義。

而原先情節的安排，使〈紅姑下山〉一折主要展現了紅姑角色形象的轉變。所以在演員對於角色的詮釋上，可以看出比較大的變化在於，紅姑不再使用水袖，而是改成配劍，所以在身段動作上，多以徒手、劍或是劍穗動作進行安排，將原先較為柔美的身段動作，改為比較剛硬的身段動作，出現了比較多「掌」的使用以及「劍指」的使用。而唱腔上，則不再使用哭腔的方式進行唱段詮釋。

二、陸小青

（一）陸小青角色人物形象

劇中男性要角之一，為卜文正巡撫的屬下。在〈劫官銀〉與〈查民情〉兩折戲中，服裝造型以絳紫色為主，兩件式造型，內裡為長衣打底，外面套一件為墊肩的背心式外罩，腰封上掛有飄帶，並且配戴劍。在妝髮造型上，沾都馬頭套，使用長鬢角，頭上帶的為變體〔註 6〕的捕快冠。

整體造型上，長衣、墊肩、帽子、佩劍的使用，使角色人物的外在形象展現出武將的姿態。

〈逍遙仙姑〉一折開始，因劇情所述要打扮白身調查少女失蹤之事，陸小青的角色形象上也有所改變。服裝造型以青色為主，與第一套服裝相同，採用兩件式的服裝，裡層著長衣，外層則是全長坎肩，腰封連帶後片，在〈逍遙仙姑〉一折中並無佩劍，至〈全面開戰〉才重新佩劍。妝髮造型上改盔頭為冠，顯得較為俐落。

陸小青的兩種角色形象呈現出兩種截然不同的風格，前者絳紫色為主的服裝造型（圖 3-6），加上佩劍的運用，塑造出嚴肅剛正的武官形象，後者轉以青色為主的服裝造型（圖 3-7），使陸小青的形象轉變，於穩重中展現了年輕的氣息。

〔註 6〕「變體」一詞，多出現於歌仔戲民戲上，意指非傳統型態。

圖 3-6：《火燒紅蓮寺》陸小青角色造型 1〔註 7〕

圖 3-7：《火燒紅蓮寺》陸小青角色造型 2〔註 8〕

〔註 7〕圖片出處：2011《火燒紅蓮寺》DVD，擷取自 00:30:31。
〔註 8〕圖片出處：2011《火燒紅蓮寺》DVD，擷取自 01:28:41。

（二）陸小青角色人物詮釋

1. 第二場〈劫庫銀〉與第三場〈察民情〉兩折

此兩折戲中，陸小青以武將形象為主要詮釋風格。在〈劫庫銀〉中，陸小青在音樂旋律中於九龍口亮相，佩劍未掛在腰上，而是拿在手上，以劍護身，這樣的身段安排，顯示了陸小青時刻提防的狀態，在查看安全後，才接引卜文正出場。

在趕路的過程中，卜文正於陸小青的後方，要對官兵們下達繼續行走的指令時，陸小青微微轉頭看卜文正抬手，他才進行抬手下令的動作，時差大約一秒，卻形成了上、中、下三層的關係。而陸小青作為卜文正的護衛，在聽到人聲叫喊時，先於卜文正去查看異樣之處，並且在甘瘤子等人出現後，與之進行對話，也是符合角色人物形象的安排。

但在對卜文正描述甘家寨時，陸小青第一次保護卜文正的身段動作，顯得盡忠職守，而卜文正往前走開始講口白時，陸小青進行第二次的保護動作，卻安排的不是那麼適當，容易形成喧賓奪主的場面。

〈察民情〉中，陸小青的角色人物因為沒有佩劍，變得較為柔和。陸小青見卜文正為了追查少女失蹤之事煩惱時，眼神轉動，呈現思考的狀態，隨後提出調查的方案以及實際作法。因為對白的安排，使得陸小青在此場次的詮釋較為犀利，略顯得上、下關係錯置。

2. 第四場〈逍遙仙姑〉、〈陷阱〉兩折

〈逍遙仙姑〉一折中，陸小青已經改成打扮白身的角色形象，詮釋上少一些護衛氣息，多了逍遙之氣。由於情節是陸小青迷失在山林中，遇見逍遙仙姑，陸小青在唱段中於舞臺上不斷改變位置，呈現出尋找路徑的狀況，在遇到逍遙仙姑被逍遙仙姑叫著時，停頓點及上下打量的動作，顯示出陸小青對於陌生人物帶有疑心，在逍遙仙姑問陸小青欲前往何處時，陸小青眼神轉動，從左舞臺緩慢走至右舞臺，呈思考之樣，再次顯示了防備之心。

兩人同行的過程，逍遙仙姑不斷的與陸小青進行肢體接觸，陸小青以眼神閃避、閃身處理，直至逍遙仙姑倒入陸小青懷中，陸小青直接的將逍遙仙姑推開。細部表情動作，呈現了被調戲的羞憤樣，隨後情緒轉換，以忍怒的情緒，與逍遙仙姑對戲。

在被迷魂後的詮釋上，陸小青先以看著逍遙仙姑的眼神轉換，展現狀態的不同，身段的安排上，改由雙手抓住逍遙仙姑，腳下則是運用細小的碎步，

少了英氣，多了臣服。在迷茫的狀態中，陸小青無論是對逍遙仙姑或是對柳遲，皆展現出帶我離開的氛圍。在被柳遲點穴破除迷魂術後，陸小青的眼神在瞬間清醒，在表情及身段的展現上，回到了剛正的狀態，整體的轉變過程不拖泥帶水，節奏適當。

在〈陷阱〉一折戲中，唱段的安排，凸顯了陸小青擔心卜文正之心境，在抒情過程，陸小青正身處紅蓮寺中，不斷的運用眼神、回頭動作，詮釋出步步危機之感。陸小青在探查機關時，見紅蓮寺中有女子出現，在唱段中藉著雙手抖動、聳肩的細節，展現了陸小青對於此事的震驚，隨後多運用拳以及劍指的手勢，表達對於此事勢必要追查到底的決心。

唱段尾奏，陸小青以轉圈的方式至左舞臺，以大跨步的方式朝右舞臺前進，呈現進入紅蓮寺的狀態，並躲藏於布景之後，觀看紅蓮寺內發生的情形，開始進行對紅蓮寺機關的調查。在此段落中，陸小青沒有佩帶武器，全以赤手空拳的方式形成場面，多以轉圈的動作呈現閃躲機關的樣子，最後陸小青被柳遲接引出紅蓮寺，在這邊的處理上，柳遲採用人工吊鋼絲，而陸小青則是借用梯子離開，再這樣的詮釋下，可以推論出陸小青並不會飛天遁地，相較於柳遲或是其他角色，形成了會武功的人與會武功及法術的人之差異。

此版本的陸小青，偏向以半文武、偏文的方式呈現，於角色人物的詮釋到位，但於武打場面的呈現上較為吃虧。筆者認為，在此版本中陸小青的角色人物詮釋風格，有部分展現上受限於詮釋者原本的角色行當，因較常詮釋小生、官生的角色人物，而陸小青一角的設定，可以被劃分到武生的範疇中，〈陷阱〉一折中，便可察覺到多是機關輔助角色的現象。

三、甘聯珠

（一）甘聯珠角色形象

劇中第二重要的女性角色，為甘瘤子之女、甘家寨的掌上明珠。甘聯珠一角的背景較為複雜，身處賊窟卻擁有正義之心。在〈甘家婚禮〉一折中，由於是此角色與桂武大婚的情節，角色人物的造型上穿著大紅色的改良古裝喜服，下身則是粉色的彩褲。妝髮上帶古裝頭套，保留古裝頭的齊劉海造型，上面蓋有紅綾。由於紅綾的材質為薄紗，蓋上時可以看見頭飾裝點的紋路，在掀開紅綾後，可見以中國結製作的頭飾裝點於頭套上。

圖 3-8：《火燒紅蓮寺》甘聯珠角色造型 1〔註 9〕

圖 3-9：《火燒紅蓮寺》甘聯珠角色造型 2〔註 10〕

在〈闖關〉與〈追魂劍〉兩折戲中，角色服裝造型以粉色為主，分為底衣、薄紗及外部坎肩，下身為褲裝。妝髮造型上，也改以粉色為主的頭飾，在樣式

〔註 9〕圖片出處：2011《火燒紅蓮寺》DVD，擷取自 00:18:50。
〔註 10〕圖片出處：2011《火燒紅蓮寺》DVD，擷取自 00:18:55。

上將原先披散於後的頭髮進行編織，並將部分髮絲拉至側面，形成左右相稱的造型。自〈酒店〉一折開始，角色人物更換第三套服裝，服裝造型以明黃色為主，與第二套服裝的樣式雷同。妝髮上，則改以黃色、金色頭飾做為點飾。

圖 3-10：《火燒紅蓮寺》甘聯珠（右）、桂武（左）角色造型 1〔註 11〕

圖 3-11：《火燒紅蓮寺》甘聯珠（右一）、桂武（左一）角色造型 2〔註 12〕

〔註 11〕圖片出處：《火燒紅蓮寺》劇照，財團法人廖瓊枝歌仔戲文教基金會提供。
〔註 12〕圖片出處：《火燒紅蓮寺》劇照，財團法人廖瓊枝歌仔戲文教基金會提供。

古代的女子，於笄禮或是出閣後，會將披垂的頭髮梳盤至頭頂簪上簪子，表示年齡及身份的變化。但甘聯珠髮型樣式的變化卻不是為了表示年齡及身份，而是角色形象原先就以第二種髮型樣式為主，顯現出較為活潑的形象。而〈甘家婚禮〉一折，所使用的髮型樣式，筆者認為主要是為了披蓋紅綾而設計，整體在造型與頭飾的運用上，比較小而集中，可降低演員進行動作時，紅綾因髮型樣式過大或是造型不對稱造成滑落的可能性。

（二）甘聯珠角色人物詮釋

在〈婚禮〉一折中，甘聯珠以背向桂武方式，呈現了女子大婚的嬌羞狀態，她偷偷將紅綾掀起，呈現出了當人的雙眼被蒙蔽時的不安，為了排除不安感，安排了偷掀紅綾的身段動作。在與桂武對到眼時，迅速蓋回紅綾，頗有心虛之感。而後甘聯珠手抓衣袖輕撞桂武、用手輕拉桂武的衣袖，催促著桂武掀起紅綾，當桂武伸手碰到紅綾時，甘聯珠自己將紅綾掀開，並將紅綾拋給桂武，將被動轉為主動。此折戲中沒有對白、唱段，卻透過細節身段動作的安排，詮釋出甘聯珠較為大器主動的性格。

〈出走〉、〈闖關〉兩折為甘聯珠情緒轉折最多的場次，開場時甘聯珠為桂武縫補衣服時的動作以及將桂武的衣服披在自己身上的身段，呈現出新婚女子，願為夫君手拿針線做女紅、見服裝思人的嬌態。在桂武回來後，甘聯珠問桂武神色怪奇，便為桂武倒茶，在倒茶過程中試探桂武的情緒。

當桂武揭露了甘家寨為殺人奪銀的賊窟，說甘聯珠就是賊婆後，甘聯珠的情緒轉為悲痛。甘聯珠想靠近桂武進行解釋，桂武卻不理會，此時甘聯珠的情緒轉變成惱羞成怒，一把推開桂武，跑至床上，雙環手叉腰順勢坐至床沿，將雙手放置眼前呈現哭泣的狀態。甘聯珠見桂武沒有走近，便重複一次哭泣的身段動作，更誇張的呈現哭泣。此段落，甘聯珠安排了許多細節動作去協助情緒的轉變，反覆的靠近桂武、推開桂武、反覆哭泣，呈現出了惱羞成怒、刻意引起注意的鬧彆扭狀態。這樣動作使桂武產生不忍的感受，但當桂武說要離開時，甘聯珠頓時拋棄了先前鬧彆扭的情緒，呈現了痛心、為難之感。這邊的處理方式，讓原先的小爭執的氛圍轉變成大問題的出現，詮釋了甘聯珠的對於桂武要離開的不可置信。

〈闖關〉中，兩人逃離甘家寨的過程，甘聯珠的情緒不斷的環繞在親情與愛情的選擇，傳統社會「嫁雞隨雞，嫁狗隨狗」的思想，對比甘家寨殺人搶銀的作為，甘聯珠還是選擇跟桂武一同逃離。在闖關的過程，甘聯珠對其他親人沒有呈現太大的情緒起伏，直到遇上自己的母親甘大娘，情緒由狠戾轉為悲痛，當甘大娘決定放兩人離去時，甘聯珠收到母親早就準備好的包裹，先退後呈現驚訝，再往前欲跟甘大娘說話，卻被桂武拉走。甘聯珠再遇見自己母親甘大娘時的下跪動作、跪搓求情動作、離去前身走留頭的動作，詮釋出她對於母親的敬重以及不捨。

〈闖關〉一折的最後，兩人遇上甘祖母，甘聯珠雙抖手配合腳下退後的身段，展現了她對於甘祖母的敬畏，面對甘祖母的謾罵，甘聯珠跪著往後退，雙手轉腕放置臉龐，呈現羞愧的情緒反應。當甘祖母將桂武打倒在一旁時，甘聯珠與之對視，隨著視線逐漸往下看，緩緩的向甘祖母下跪，表情細節將眼神微微閉上，雙手放置腰間，呈現出已經做好被甘祖母懲罰的覺悟。〈闖關〉一折，以文戲開場，武戲收尾，情緒由開始的甜蜜，轉變成惱羞成怒，再轉成擔憂，而開始闖關後，呈現覺悟、狠戾、不捨、矛盾的情緒。甘聯珠在詮釋者藉著哭泣、留手、跪蹉等身段動作的設計，詮釋出角色人物兒女情長的性格特性，而武戲場面的安排，則呈現了甘聯珠出手狠戾的面貌。

甘聯珠在〈闖關〉一折後，並沒有太多的主要戲份，多為群體的武戲場面。在〈風雲起〉一折中，連貫的雙劍動作，準確切和音樂點。〈陷阱〉及〈全面開戰〉兩折戲，也可見甘聯珠靈活運用雙劍，穿梭於武戲場面中。

甘聯珠一角，偏向是花旦與武旦的集結（類似於京劇青蛇的行當），文戲需要呈現良好的唱功詮釋新嫁女子的樣貌，又需具備武戲的能力呈現較為俠氣的一面。筆者認為此版本甘聯珠的詮釋者其原先的角色行當，有助於更加貼合、詮釋甘聯珠一角，因詮釋者善於詮釋刀馬旦與花旦，在文戲中能以花旦細碎的身段動作詮釋少女之姿，武戲中能以刀馬旦的身段作為基礎，俐落的呈現武戲場面呈現女俠之態。

四、桂武

（一）桂武角色人物形象

劇中主要男性角色之一，為紅姑的姪兒、甘聯珠的丈夫。〈甘家婚禮〉一折中，服裝造型著大紅色改良古裝喜袍（圖 3-12），與甘聯珠的改良古裝成套。妝髮造型上，貼都馬頭留長鬢角，頭上配戴的冠以紅色為主，部分流蘇垂墜。

而第二場〈真相〉一折開始至第二場〈追魂劍〉，角色人物的服裝造型以果綠色、翠綠色為主（參考圖 3-10），服裝樣式上分為內裡長衣，中層紗罩衫，外層不對稱造型坎肩。妝髮造型，也以綠色為主，配戴綠色較為貼頭的冠，配有短流蘇，凸顯了角色俏皮之處。

圖 3-12：《火燒紅蓮寺》桂武角色造型 1〔註 13〕

〈酒店〉一折起，角色的服裝造型改為以鵝黃偏白色以及金色為主（參考圖 3-11），與第二套服裝的形式雷同，差異在於第三套服裝坎肩對稱，腰帶連帶了側面的下甲，形成不對稱的造型，與第二套造型呼應。而妝髮則以黃金色的冠為主。

桂武的角色形象如服裝造型一般，凸顯角色人物嚮往正道，亮麗及光明的形象。

三種造型皆與甘聯珠形成對稱、對比，第一套大婚的大紅色喜袍與甘聯珠的大紅色改良古裝成套，第二套綠色為主的服裝與粉色形成色彩上的對比，而最後一套鵝黃色金色的服裝則是與甘聯珠明黃色金色造型，形成黃色色階明暗度差異的漸層式對比。可藉由服裝造型，凸顯桂武及甘聯珠的角色關係。

（二）桂武角色人物詮釋

桂武於劇中的重點場次在第二場中〈真相〉、〈劫庫銀〉、〈闖關〉、〈追魂劍〉四折。在〈婚禮〉中，桂武的表現較為被動，主要為甘聯珠領著桂武，在角色

〔註 13〕圖片出處：2011《火燒紅蓮寺》DVD，擷取自 00:18:45。

呈上凸顯了桂武正直、老實的性格。

〈真相〉的開頭，桂武由右舞臺出場亮相，而後拉單雲手往舞臺，呈現查看的身段動作，最後雙手穿掌背於腰後，表情細節上露齒，微微在笑的時候將身體往前探，凸顯了「笑」的細節，並展現穿梭於樹林之中練武，心情愉悅之樣貌。在【苦心求讀】的唱段中，桂武刻意放大身段動作，顯示了自己對於報效國家的期許，但拍腰的動作處理上，身體抖動的角度過大，略顯與角色年紀不符合。唱段結束後，桂武展現一套拳法招式動作，動作與動作間刻意做停頓點，不以連貫的方式進行動作，整體上欲展現強而有力的招式。當甘瘤子的幕內白出現時，桂武的情緒由喜轉憂，以手遮罩頭的動作，表示了角色人物內心的困惑。

柳遲出現後，桂武詢問柳遲的來歷，當柳遲回答「來救你脫離苦海的人」時，桂武身走頭留，面部表情翻白眼、癟嘴，呈現出對柳遲胡言亂語的不齒，在柳遲詢問桂武加入賊窟，如何報效朝廷時，桂武情緒轉微怒之樣，認為柳遲言語過分，背過身不打算再與此人搭話。

最後柳遲告知桂武甘家寨的作為，桂武的情緒雖以轉為懷疑，但卻還是依然反駁，不相信柳遲的片面之言，直至最後柳遲告知桂武讓他去東方十里外的樹林，便可以得知真相，桂武展現出懷疑、思考之樣。在此段情節中，桂武的情緒隨著柳遲的口白不斷轉換，由開始的不齒，到柳遲的話抵觸自己想報效朝廷的心思時轉為憤怒，最後柳遲說明甘家寨的作為時，桂武雖口白的聲音表情展現了不信，但細部的臉部表情卻呈現懷疑的表情，可見柳遲所述，在桂武心中埋下一顆懷疑的種子。

〈劫庫銀〉一折，桂武站於山上（小石片硬景），看到了甘瘤子帶領甘家寨的人打劫朝廷命官，劫庫銀、殺官兵的行為。桂武雙手不斷抖動，呈現了驚慌的狀態。在唱段中，不斷的以手遮擋著頭、背身等動作展現不忍直視之心境，最後以極快的速度離開東邊樹林。快速離開下場的動作處理，凸顯了桂武認賊為親，對甘瘤子等人的不理解，以及對自己身處賊窟卻不自知，想儘速離開此地的情緒。

〈出走〉為桂武與甘聯珠在劇中較為主要的橋段，主要描述桂武請求離開甘家寨的情節，著重在桂武與甘聯珠兩人的衝突與感情展現。當桂武回到甘聯珠房間時，進退兩難，不斷於場上來回踱步、轉身，展現躊躇不決的樣子。直到甘聯珠向桂武問話，桂武看了甘聯珠不知如何回應，只好轉身走至椅子坐下，當甘聯珠端茶給桂武再度試探時，桂武順手接過茶要喝，低下頭看到茶杯時，又將茶杯放至桌上。

細部表情動作及接茶杯、放茶杯的動作，凸顯出桂武欲言又止，想對甘聯珠生氣又懊惱自己接過茶杯示弱的情緒轉折。桂武坐在椅子上詢問甘聯珠甘家寨本業為何時，眼神刻意不看向甘聯珠的方向，眼神看向四周，呈現了對甘家寨的不信任感。

兩人在一來一往的對白間，出現衝突。桂武以顫動的聲音表情說明了在東邊樹林看見甘瘤子殺人劫銀之事，隨後朝向甘聯珠的方向，直指甘聯珠為「賊婆」後，朝桌椅走去背過身不看甘聯珠。

桂武於這段的詮釋中，呈現了對甘家寨、甘瘤子作為的驚恐與害怕，轉過身謾罵甘聯珠時，篤定的語氣雖不留情面，但更像是對於甘聯珠的欺騙行為感到生氣，才口不擇言的罵甘聯珠。當甘聯珠哭時，桂武呈現無奈的表情，唱詞中說明自己不是無情，但志在報效朝廷，不能因情愛就留在甘家寨當強盜，希望甘聯珠成全自己，而桂武在得知自己無法逃離甘家寨時，又不斷請求甘聯珠幫助自己離開甘家寨。

甘祖母出現後，桂武不顧甘聯珠的阻攔將其推開，直接向甘祖母說明要帶甘聯珠離開甘家，當甘祖母答應時，桂武欣喜無比，絲毫沒有注意到周遭的人的臉色。甘祖母離開後，桂武才察覺到甘聯珠的神色怪異，甘聯珠說明兩人要遭遇大難時，桂武在身段動作上展現了搓手、搖頭，顯示了苦惱、思考的情緒反應。

〈出走〉整折戲中，桂武由起初看見甘瘤子作為時的驚嚇與害怕，到對甘聯珠開口詢問時的躊躇，兩人衝突時的憤怒，甘聯珠軟弱時的不捨，想起自己志向時的決絕，想盡辦法逃離甘家寨的苦腦，不斷地轉換情緒，詮釋出桂武的心境。

詮釋者藉著搓手、搖頭、來回踱步、抱拳、下跪等身段動作，輔助角色人物在情緒轉折上更為明顯。但因劇本對白設計的關係，使得桂武一角在此折戲中，性格上較為自我，為了不違背自我的志向，使甘聯珠必須面臨親情與愛情的選擇。

在〈闖關〉一折，主要是桂武、甘聯珠兩人離開甘家寨闖關的情節，偏向著重甘聯珠的親情展現。在此折戲中桂武主要跟隨甘聯珠進行闖關，呈現武戲場面。〈追魂劍〉則主要是展現「斬雞頭」的機關道具，並沒有安排桂武有特殊的情感呈現。而後〈風雲起〉、〈陷阱〉、〈全面開戰〉等，皆為武戲場面居多。

桂武一角，原本就設定為武藝十八般的青年，可以被劃分為半文半武的生行角色。在文戲上，為了情感的展現，有較為高昂的唱段，而又需要開打呈現武戲場面。詮釋桂武的演員，原先熟悉的角色行當為小生，在文戲的呈現上無論是身段或是表情細節都處理的極為細膩，但在武戲的展現上，可以於翻身、對招的動作上，察覺到較為不足之處。此版本的桂武在詮釋者的表演中，呈現出較為稚嫩、耿直的角色人物形象。

五、柳遲

（一）柳遲角色人物形象

劇中主要男性角色之一，為崑崙派呂宣良的弟子。在〈奉師命〉、〈真相〉、〈劫庫銀〉的服裝造型上，以天空藍、晴藍色為主，樣式上採用內層長衣、中間紗質外罩、最外層使用了單肩坎肩，腰封垂墜飄帶，配戴劍及扇子。在妝髮上，貼整頂頭套，造型非都馬頭的形式，而是將頭髮束至後腦，於前額左右兩邊留長短瀏海，使用長鬢角，頭上僅以飄帶束髮，用較大的額飾進行點綴。

圖 3-13：《火燒紅蓮寺》柳遲角色造型 1〔註 14〕

〔註 14〕圖片出處：2011《火燒紅蓮寺》DVD，擷取自 00:20:28。

圖 3-14：《火燒紅蓮寺》柳遲（右一）角色造型 2〔註 15〕

柳遲的角色人物形象，有別於其他男性角色。服裝、妝髮造型的設計，斜肩、左右不同長度的瀏海呈現了不對稱，凸顯了角色人物不循常規較為隨性的性格。而飄帶的使用以及在〈真相〉一折中柳遲持扇的設定，則展現出柳遲飄逸出塵的角色人物形象。

從〈逍遙仙姑〉一折開始，柳遲服裝造型改以白色、銀色、金色為主，上身內裡著白長衣，外罩為有墊肩的紗質長外罩，腰封僅繡花、鑽面裝飾，未使用飄帶。在妝髮上，形式沒有改變，將頭上飄帶改為白色，額飾換成就為小巧的銀白色額飾。

由於自〈逍遙仙姑〉的場次後，柳遲有大量的武戲場面，服裝改為比較簡單，省去過多裝飾，有助於演員在詮釋角色時的方便性，動作場面的設計安排，比較不會受到服裝的干擾。而戲曲用色中，金色、銀色多使用在神仙及妖怪上，柳遲角色的設定，原就是能夠飛天遁地、武藝高超，第二套服裝採用白、金、銀為主的色調，頗有暗示柳遲為修仙之人的意味。

（二）柳遲角色人物詮釋

在〈奉師命〉、〈真相〉、〈劫庫銀〉、〈逍遙仙姑〉、〈陷阱〉、〈全面開戰〉、〈火燒紅蓮寺〉六折戲中，皆出現了柳遲角色人物，而其為主要的場次為〈奉

〔註 15〕圖片出處：《火燒紅蓮寺》劇照，財團法人廖瓊枝歌仔戲文教基金會提供。

師命〉、〈真相〉、〈逍遙仙姑〉三折為柳遲戲份比較多的部分。

在〈奉師命〉中，柳遲以吊鋼絲的方式出場，身上並未配戴武器，與師父呂宣良的對白中，經常使用拱手、低頭的低姿態動作，顯示對呂宣良的尊敬，當呂宣良對柳遲說若有奇緣要負傳宗接代之責時，柳遲在快速的訴說完自己對情感之事的看法後，直接回身朝向呂宣良的方向拱手，阻斷了呂宣良繼續提傳宗接代之事。此段的細節動作與口白速度、頓點，詮釋出柳遲生性自由，喜愛逍遙的角色人物性格。

〈真相〉一折中，柳遲的出現是為了點破桂武，使劇情得以接續發展。在出場時，使用煙機凸顯柳遲隨風而來的仙俠之感。柳遲的亮相動作，以右腳支撐，左腳站於舞臺高層，左手撐於自己的大腿上，右手持扇的姿態亮相，有別於過往戲曲角色人物慣用的亮相方式，顯示了柳遲一角的特殊之處。

在與桂武對白的過程中，身段動作的安排以右手搖扇，左手背於腰後，微笑不斷的細節臉部表情，使柳遲呈現出比較高的姿態。在柳遲說明自己是因師父的命令前來點破桂武時，柳遲身段動作，將重心放於右腳，右手持扇、左腳微微離地抬起，配合口白「點破」呈現出輕點桂武的樣子。此動作的設計，對比桂武的緊張疑惑，更彰顯了柳遲的輕鬆自在。直至桂武始終不相信柳遲說的話時，柳遲顯露無奈，隨後收起笑容，細節表情轉為嚴肅，聲音表情上也轉為使用較為沈重的語氣去呈現口白。

此折中，柳遲靈活運用扇子的收、合，呈現打背躬、點的動作，利用明顯的聲音表情轉換去處理口白，使口白內容多了情緒上的展現。雖沒有安排唱段，但在口白及身段的處理上，凸顯柳遲風姿瀟灑的樣貌、自由不拘的性格。

〈逍遙仙姑〉中，柳遲左手持劍身以慢步的方式出場擋住逍遙仙姑的去路，在逍遙仙姑問柳遲為何人時，柳遲在與逍遙仙姑的口白過程中，左手持劍身放於插胸，右手與左手交叉，從容的從右舞臺過位至左舞臺，當講完自己的口白時，將左手的劍轉至右手，右手手心朝上接劍，劍尖的方向朝向逍遙仙姑，隨及音樂轉【怒罵】，柳遲在唱段中，不斷於舞臺上改變位置，在過位、轉身的移動過程，配合對手的方向使用不同的持劍方式。

柳遲在前段中，一直未將劍抽出劍鞘，直到報完家門，與逍遙仙姑兩人呈現武戲場面時，柳遲才將劍從劍鞘抽出，以右手持劍，左手持劍鞘的方式，與逍遙仙姑開打。逍遙仙姑下場後，柳遲將劍收回劍鞘中，收起與逍遙仙姑開打的肅殺之氣，並以點的方式破除陸小青的迷魂術，隨後將劍放於肩上，將劍放回肩上的身段動作設計，使柳遲由肅殺的狀態，轉回原本逍遙隨性的狀態，直至聽陸小青說起卜文正失蹤之事，才轉而以嚴肅的狀態與陸小青一同制定計畫。

〈逍遙仙姑〉整折戲中，柳遲不將劍配於腰間，而是以手持劍的方式進行表演，以劍指人、背劍於肩、劍擋胸前等動作，雖非戲曲中常見使用劍的方式，但詮釋者在流暢的轉換持劍方式下，凸顯了柳遲異於常人的角色人物特性。

柳遲一角，在劇中與桂武一般，為半文武的生行角色，但柳遲在武戲的呈現多過於文戲展現，依照比重來說，應該更偏向歸類於武生的範疇，但因柳遲原先的角色人物性格設定為清高絕俗、灑脫不羈，在整體詮釋上需融合小生的瀟灑、武生的剛強，實為挑戰詮釋者演繹能力的角色人物。柳遲的詮釋者，本身擅長的行當為生行，為凸顯柳遲的角色人物性格，在不同場次中運用不同的道具進行演出，在扇子及劍的妥善運，詮釋出柳遲灑脫不羈的樣貌。而詮釋者細膩處理、展現柳遲的角色人物性格，掩蓋了在武戲上較為不足的部分，整體來說瑕不掩瑜。

六、呂宣良

劇中擁有全知視角的男性角色人物。服裝造型以白色、金色、咖啡色為主，內著白金色褶子，外著咖啡色紗質長外罩，手持雲帚。妝髮造型上，貼整頂白的都馬頭，頭上未有過多裝飾，僅用單顆鑽飾及木簪子裝飾，粘白眉、白鬍（樣式類似三柳）。

在劇中雖然不斷的被提及名號，但實際上卻沒有安排太多的事件使角色出場，因此服裝造型上並沒有太多更動，僅在〈破機關〉一折中，將咖啡色紗改為白紗。

在戲曲中，雲帚的使用與金色、銀色一樣，都是使用在神仙、妖怪上居多。呂宣良身著白金為主的服裝，手持雲帚，呈現了仙風道骨之感。白髮的使用，也凸顯了修仙之人不被年齡所限的性格。

在初次出場的〈奉師命〉一折中，呂宣良成眉頭深鎖之樣，細微的掐指動作伴隨口白，呈現「算」的意象，賦予角色人物神仙之感。而〈破機關〉一折戲中，進行了一連串雲帚、翻滾、跳岔等動作設計，與沈棲霞兩人於舞臺上不斷的環繞、奔走，顯現出紅蓮寺中的險惡與破機關的過程。呂宣良一角以偏向武老生的方式進行角色詮釋。而呂宣良的詮釋者其本身行當也與之符合，動作場面呈現出十足的流暢感。

圖 3-15：《火燒紅蓮寺》呂宣良角色造型〔註 16〕

七、沈棲霞

武藝、法術高強的男性角色，為紅姑的師父。服裝造型以灰藍色為主，內著灰藍色褶子，外著淺藍色紗質長外罩，手持雲帚。妝髮造型上帶灰黑的半頂頭套，瀏海及鬢角使用演員本身的頭髮做樣式設計，頭飾以單顆鑽飾及木簪子裝飾。沈棲霞的角色定位與呂宣良雷同，整體形象造型上也採較為類似的風格，整齣戲中並沒有更換服裝，改變角色人物形象。

沈棲霞角色設為定為男性，但其整體服裝、妝髮造型上，卻呈現出令人雌雄莫辨之感。首先角色人物的服裝上並沒有太大的問題，樣式為男子使用的樣式，布鞋為男女皆適用，但在妝髮上卻顯得較為女性化，因使用演員本身的頭髮及半頂頭套，鬢角的黏貼方式多為女性角色在使用的黏貼方式，散髮的部分相較於都馬頭套較多且長，且配戴耳環。整體造型使角色形象讓人出現比較難辨認性別的現象。

在初次出現的〈爭財產〉一折中，右手持雲帚，左手背在背後，呈現出沈棲霞仙風道骨之氣息。

〔註 16〕圖片出處：2011《火燒紅蓮寺》DVD，擷取自 00:20:18。

圖 3-16：《火燒紅蓮寺》沈棲霞角色造型〔註 17〕

〈紅姑下山〉一折，站於高台看著紅姑與陳繼志對練，細部表情嘴角微笑，呈現了疼愛徒弟、徒孫的角色性格。在與紅姑、陳繼志說明要兩人下山之時，並沒有特別展現出離別之愁，實為修道之人所擁有之氣度。

收到神鷹傳信時，沈棲霞於舞臺上來回踱步，為正在思考的身段動作展現。最後紅姑與陳繼志下山時，沈棲霞將手中雲帚像上揮動與身體同時轉動，這細部動作的安排上，呈現了沈棲霞施法術將紅姑與陳繼志送走的情況。

在〈破機關〉一折戲中，與呂宣良兩人於舞臺上不斷的環繞、奔走，顯現出紅蓮寺中的險惡與破機關的過程。沈棲霞的詮釋者，原先角色行當為生行，在詮釋上並沒有太大突兀之處，整體呈現規矩、成穩的風格。

八、卜文正

劇中唯一不會武功的男性主要角色。在〈劫官銀〉一折中，穿著戲曲傳統服飾，著紅蟒、斗篷、佩玉帶，頭戴紗帽加上風帽。蟒在戲曲為帝王將相或是高官重臣所著用的服裝，而大紅色為上五色中較為高貴的顏色，此傳統服裝的使用顯示了卜文正崇高的身份地位。

紗帽上使用了方翅，在戲曲中方翅通常為正派官員所戴，方翅的使用直接凸顯了卜文正的正派形象。風帽及斗篷的使用，則表示人物外出、風塵僕僕

〔註 17〕圖片出處：《火燒紅蓮寺》劇照，財團法人廖瓊枝歌仔戲文教基金會提供。

的樣子。此場次藉著戲曲傳統服裝的樣式，直接顯示了卜文正的角色性格，以及呈現角色當下的狀態。

圖 3-17：《火燒紅蓮寺》卜文正角色造型 1〔註 18〕

圖 3-18：《火燒紅蓮寺》卜文正角色造型 2〔註 19〕

〔註 18〕圖片出處：2011《火燒紅蓮寺》DVD，擷取自 00:30:42。
〔註 19〕圖片出處：2011《火燒紅蓮寺》DVD，擷取自 01:15:28。

〈查民情〉一折中，服裝造型省去了風帽及斗篷（參考圖 3-18），顯示了卜文正狀態的改變。〈酒店〉一折，因情節的安排，卜文正要改為打扮白身的形象。服裝造型上以寶藍色為主，內裡著圓領褶子，外層著長坎肩，腰封上掛有玉佩及穗子。頭上戴改良過的老人巾。

圖 3-19：《火燒紅蓮寺》卜文正角色造型 3〔註 20〕

圖 3-20：《火燒紅蓮寺》卜文正（左一）角色造型 4〔註 21〕

〔註 20〕圖片出處：2011《火燒紅蓮寺》DVD，擷取自 01:19:35。
〔註 21〕圖片出處：《火燒紅蓮寺》劇照，財團法人廖瓊枝歌仔戲文教基金會提供。

〈紅蓮劫〉中，服裝造型上沒有變動，妝髮上將改良的老人巾卸下，改成甩髮。甩髮的使用，通常用於表示角色人物驚慌或是瘋狂等情緒，也用來表示角色人物披頭散髮、衣冠不整的形象，顯示了卜文正落難的情況。

卜文正一角在整體詮釋上較為中規中矩，詮釋者的角色行當也與卜文正符合。在〈劫官銀〉中，卜文正文官的身份，被保護在後，對質時由陸小青出面，顯示出了上、下地位的差異，也凸顯了卜文正不善武藝的設定。

〈查民情〉中，卜文正藉由抖手、搖頭的身段動作，詮釋對少女失蹤一事的煩惱與不知所措，但可能是原先對白設定的關係，使卜文正詢問陸小青要如何處理，這樣的處理與詮釋，會顯得卜文正較為無謀。

〈卜文正被抓〉一折，卜文正追著知客和尚及雪蓮，想要救走雪蓮，但卻被知客和尚打了一拳，卜文正單腳跪下，以抖動雙手放置腦旁呈現被打後暈眩的狀態。

〈紅蓮劫〉中，快板唱段、快速於舞臺上置換位置，呈現出卜文正的激動情緒在唱段過程卜文正僅有「惺惺作態」、「惡徒」的唱詞，回過頭看著知圓和尚等人，顯示了對他們行為的不齒，其他唱詞中則是不願看他們。在此折戲中，卜文正配戴甩髮，卻沒有呈現甩髮功，整體來說使得卜文正落難的狀態展現較為薄弱。

九、甘祖母

反派角色，為甘瘤子母親、甘聯珠祖母，掌控著整個甘家寨。服裝造型以紅色、咖啡色、金色為主。內著紅色長衣加咖啡金色的長坎肩，長坎肩連帶材質較為硬挺的領子，外加咖啡紅絨質外罩，鑽飾腰封，手持長拐杖。妝髮造型上，粘全頂灰白頭套，將散髮全部梳起盤與頭套上，以金紅色、藍色的頭飾及玉簪子，進行點綴。

金色、咖啡色為主的絨布材質服裝，凸顯了角色人物高貴的身份，拐杖的使用並非表示角色人物身體殘缺，在這邊可以理解為權勢的象徵。

在〈闖關〉一折中，將最外層的絨質外罩移除，並使用護手。由於絨布質感的服裝會比綢緞材質或是紗質來的厚重，外罩的移除以及護手的使用，使角色人物在詮釋動作場面時，不會受到服裝造型限制。

甘祖母主要出場的場次為〈甘家婚禮〉、〈出走〉後段、〈闖關〉。在〈甘家婚禮〉及〈出走〉兩折戲，甘祖母出現的時間極短，沒有安排特別的身段動作去配合口白，多以表情及聲音表情的變化，去呈現當下的狀態及情緒。在〈闖關〉一折的後段，甘祖母右手持拐杖從階梯緩步走下，眼神來回於甘聯珠與桂武之間，未安排動作以及口白，即呈現了令人戰慄的感受。

圖 3-21：《火燒紅蓮寺》甘祖母（中）角色造型 1〔註 22〕

圖 3-22：《火燒紅蓮寺》甘祖母（中）角色造型 2〔註 23〕

〔註 22〕圖片出處：《火燒紅蓮寺》劇照，財團法人廖瓊枝歌仔戲文教基金會提供。
〔註 23〕圖片出處：2011《火燒紅蓮寺》DVD，擷取自 00:59:35。

甘祖母的兩段唱段中，第一段主要對甘聯珠唱，對甘聯珠失望的情緒大過於憤怒，而第二段唱段則是對著桂武，主要呈現出憤怒的情緒反應。在兩段唱段中，甘祖母因人而轉換情緒，使唱段中展現了情緒疊加的層次。

最後甘祖母以拐杖尾端敲打桂武，轉身面對甘聯珠時，身段呈現抖手、磨墨換位，在甘聯珠跪下時，甘祖母臉部表情轉為皺眉，呈現對甘聯珠失望、痛心的情緒反應，當甘祖母走過甘聯珠身後，瞬間回過身以拐杖尾端敲甘聯珠，以憤怒的情緒掩蓋對甘聯珠的親情，呈現甘祖母以視規則及大局為重的角色人物性格。

甘祖母一角，為老旦的角色設定。特邀呂雪鳳老師來擔任詮釋甘祖母的角色。詮釋者原先的行當為生行，但除了生行以外，旦行、丑行皆可進行詮釋，可算是偏向全方位的演員。

在詮釋甘祖母一角時，身段動作上沒有太多的安排，但在唱段上可以明顯聽出詮釋者以較為靈活的方式呈現唱段，樂隊配合詮釋者的氣口演奏旋律及過奏，而情緒的掌控上收放自如，使甘祖母的角色人物形象更加鮮明。

十、雪蓮

劇中受到迫害的女性角色。服裝造型以灰色為主，身著僧衣，外加坎肩，腰封上的綁繩垂墜。頭上配戴尼姑巾，留有鬢角。雪蓮的角色人物的設定為尼姑，在整體形象上沒辦法做太華麗的配色，藉由服裝緞面材質，反射舞臺光，呈現了金屬銀白感。配戴的帽子應是參考現代尼姑配戴的帽子進行改良，在傳統戲曲較少出現這樣的扮相，而鬢角的黏貼，則是讓人可以清楚的分辨雪蓮的性別。

雪蓮主要出現的場次為〈酒店〉、〈卜文正被抓〉、〈地牢〉三折，在〈酒店〉一折中，雪蓮看到紅姑一行進入酒店，左右觀望了很久，微微從椅子站起，手往前伸，表現出嘗試要向紅姑一行人求救的動作，但卻被知客和尚壓下來。

雪蓮將頭微微低下，眼神左右飄動，趁著知客剛坐下時，再次將身體往前探嘗試第二次求救，知客做出要打雪蓮的動作，雪蓮害怕以手護頭，展現出人類在害怕或是受害時以手保護頭部的直覺反應。在雪蓮被知客和尚強行帶離酒店時，雪蓮身體前進，頭卻留在後面，手不斷的想往後伸，展現出掙扎、不斷求救的訊號。

而〈酒店〉至〈卜文正被抓〉的節奏與情緒是連串的，在樹林奔走的過程，雪蓮不斷用雙手晃動及身體晃動的方式展現掙扎模樣，利用回頭的方式呈現出查看後方有沒有察覺到她發出的求救訊號，而追出來。

最後雪蓮見卜文正被知客和尚打，雪蓮伸出手奔向知客，呈現出要打知客的樣貌，動作細節處理上，雪蓮手握拳，拳心向外拳眼向上，凸顯了弱女子的形象，隨著手抬起，知客和尚順勢將雪蓮扛起，整段動作流暢。

圖 3-23：《火燒紅蓮寺》雪蓮角色造型〔註 24〕

〈地牢〉為雪蓮情緒轉折最多的一場，大段唱段中，表現了憤恨不平及悲傷之感，唱段結束，雪蓮將藏於腰間的地牢鑰匙拿出來，呈現了堅定的細部表情。最後為了拯救卜文正，被知圓和尚和尚一刀殺死，在這邊的呈現並不拖泥帶水。

雪蓮一角雖有較為悲苦的唱段，但原先角色的設定，卻不能歸類到苦旦中，而是偏向一般小旦的行當。而其詮釋者原先所擅長的角色行當為小旦、花旦，偶爾詮釋潑辣旦，對於雪蓮的詮釋可說的上是處理細膩，高亢的唱段也詮釋出雪蓮「忍辱偷生不畏死，除奸滅惡在此時」的堅定心理。

十一、逍遙仙姑

反派角色中主要的女性角色人物。服裝造型以紫色為主，內著紫色紗質裹衣，加上紫色繡花坎肩連帶材質較為硬挺的雲肩，手持雲帚。在妝髮造型上戴全頂頭套，將中間瀏海收起，貼美人尖，整體造型疊用較多的髮包，鬢角

〔註 24〕圖片出處：《火燒紅蓮寺》劇照，財團法人廖瓊枝歌仔戲文教基金會提供。

為捲曲造型。頭飾以藍、紫色為主，以鐵絲花及中國繩結的頭飾進行妝點。在〈甘家婚禮〉一折中，角色人物的造型，在服裝外多批一層紫紅色披紗。

圖 3-24：《火燒紅蓮寺》逍遙仙姑角色造型〔註 25〕

在戲曲傳統色中，紫色下五色中較為高貴、成熟、年邁的象徵。而歌仔戲卻經常將紫色用在妖怪、妖婦的角色上，打破了原本戲曲色彩的象徵運用。劇中逍遙仙姑的服裝造型及而捲曲鬢角的設計，凸顯了角色人物妖豔撫媚的性格。

逍遙仙姑主要的場次為〈逍遙仙姑〉、〈全面開戰〉、〈破機關〉。在〈逍遙仙姑〉一折中，逍遙仙姑於亮燈就站於舞臺上，直接在靠進臺口的位置進行整冠的身段動作。

整冠完之後，逍遙仙姑以圓場的方式，於舞臺上進行位置轉換，跑至右上舞臺時，表情呈現看到新奇之物的樣子，以抖手墊腳的方式往後退步至左下舞臺，打背躬說明自己看到了英俊的少年家，表情呈現驚奇愉悅。

在陸小青唱【四空反】的前奏時，逍遙仙姑以雙緩手蓮花指的動作，指向右上舞臺，隨即眼球進行轉動，呈現思考的樣子，小跳下場。此段中，逍遙仙姑僅開口白，沒有唱段，主要在身段的展現上呈現逍遙仙姑的人物性格。

〈逍遙仙姑〉的後段，為逍遙仙姑調戲陸小青及柳遲出現阻止逍遙仙姑的情節。在陸小青的唱段中，逍遙仙姑從右上舞臺出場，在上舞臺的空間左右換

〔註25〕圖片出處：《火燒紅蓮寺》劇照，財團法人廖瓊枝歌仔戲文教基金會提供。

位，呈現觀察陸小青的樣貌。見陸小青要離去，逍遙仙姑出聲阻止，並詢問陸小青為何出現於深山之中，在與陸小青對話的過程中，逍遙仙姑刻意收斂較大的身段動作，以較小的身段動作與之對話，為了呈現正氣的面貌使陸小青放鬆戒心。

當兩人結伴而行時，轉【七里香】的唱段，逍遙仙姑在唱段中，不斷抓起陸小青的手腕與之進行肢體接觸，在唱段的最後刻意跌倒，讓陸小青攙扶自已。當陸小青走近溝邊要飲水時，逍遙仙姑打背躬，表示陸小青的外貌英俊，隨後展現連串的身段動作。

改旦角的掌為爪，用跳步的方式接近陸小青，陸小青回身時，逍遙仙姑轉為原先的旦行姿態，假裝沒有事情發生，陸小青轉回繼續喝水時，逍遙仙姑將雙手放於胸前，進行嬌態的身段展現，再度靠近陸小青，並將手搭上陸小青的額頭、臉上，假意幫陸小青擦汗，實則是要與陸小青有更親密的接觸。

陸小青將逍遙仙姑推開後，逍遙仙姑轉變表情，說自己是好心要幫陸小青擦汗，陸小青卻不近人情。當陸小青說男女授受不親時，逍遙仙姑以笑的方式說明自己的想法，陸小青察覺到怪異之處要離開時，逍遙仙姑將左手放至陸小青臉龐，嘴上呈現吹氣的動作，展現出迷魂術的使用。陸小青被迷魂後，逍遙仙姑拉著陸小青要離開，而柳遲出現擋住兩人去路，當柳遲戳破逍遙仙姑的真面目時，逍遙仙姑由原本輕鬆愉快的情緒，轉為憤怒。在柳遲報完家門後，逍遙仙姑情緒轉為狠戾，隨之雙方進行武戲場面呈現。逍遙仙姑以爪的方式與柳遲開打，呈現出妖性的面貌。

〈全面開戰〉中，逍遙仙姑手持雲帚，進行迷魂陣的佈陣，唱段過程大量使用雲帚、翻身設計身段，呈現出逍遙仙姑武藝高強的形象。〈破機關〉則是逍遙仙姑率先詢問其他人，紅蓮寺被攻破，接下來的去路為何，幾人商議後決定離開紅蓮寺，逍遙仙姑率先發出離開的號令，展現出其當機立斷的個性。

逍遙仙姑一角，在設定上偏向歌仔戲中獨有的角色行當分類「妖婦」，也似其他劇種的潑辣旦。整體上融合了花旦的俏麗、武旦的功法、妖怪的媚態，對於旦角演員來說為比較不易掌控的角色。而逍遙仙姑詮釋者，原先擅場的角色行當為小旦、花旦、潑辣旦皆可，在詮釋過程中，性格與身段的切換流暢，呈現出逍遙仙姑亦妖亦人的角色特性。

十二、甘瘤子

反派角色中主要的男性角色人物。〈甘家婚禮〉一折中，服裝造型咖啡色、寶藍色為主，內著金蔥邊咖啡色褶子，外加同色系坎肩、腰箍，最外層著藍紗外罩。妝髮上，頭戴蓬頭，使用金色豹紋為主的頭帶，留長鬢角，粘上下髯。〈劫庫銀〉、〈追魂劍〉、〈紅蓮劫〉幾折戲中，服裝造型將藍紗外罩改為咖啡色滾毛邊斗篷，以斜口方式穿著。〈全面開戰〉則是移除了咖啡色滾毛邊斗篷。在妝髮上沒有進行變動。

〈甘家婚禮〉中的造型，外披藍紗，使甘瘤子呈現較為文氣的角色形象。而在戲曲中，番邦角色多運用狐狸毛、動物紋去呈現，如：陸文龍、扈三娘配戴的狐狸尾。甘瘤子使用豹紋紋路的頭帶及斗篷上滾有毛邊，凸顯了角色人物反派的形象。

圖 3-25：《火燒紅蓮寺》甘瘤子（右二）、
甘大娘（左二）角色造型 1〔註 26〕

甘瘤子主要出現的場次為〈婚禮〉、〈密謀〉、〈劫庫銀〉、〈追魂劍〉、〈紅蓮劫〉、〈全面開戰〉。在前面幾折戲中，甘瘤子無論是在自己女兒的婚禮或是在劫庫銀的過程，都以較為嚴肅的臉部表情進行動作或是身段，賦予甘瘤子不苟言笑的人物特性。在〈追魂劍〉一折中，甘瘤子為了追殺逃離甘家寨的桂武及甘聯珠，隻身前往樹林，在樹林中以【怒罵】的唱段，凸顯了憤怒的情緒反應，而後以飛腳跳叉的身段動作展現了甘瘤子武藝高強的形象。

〔註 26〕圖片出處：2011《火燒紅蓮寺》DVD，擷取自 00:14:46。

圖 3-26：《火燒紅蓮寺》甘瘤子角色造型 2〔註 27〕

〈全面開戰〉中，甘瘤子與甘聯珠兩人對上，此時常德慶在一旁煽風點火，對甘瘤子說不肖女該死，甘瘤子、甘聯珠、桂武、常德慶四人同時蹉步，當甘瘤子準備痛下殺手時，甘聯珠跪地求饒使甘瘤子呈現不捨的情緒反應。甘聯珠與桂武勸甘瘤子不要再繼續行惡，常德慶再度告知甘瘤子要將不孝女除而後快，甘瘤子以抖手、磨墨換位的方式，呈現猶豫的樣貌，最終還是決定對甘聯珠與桂武痛下殺手，雙方進行武戲場面呈現。而後紅姑等人出現，甘瘤子被柳遲一劍刺死。

甘瘤子一角的人物設定，雖為反派角色，但人物的動作安排與唱段上，未出現粗獷的淨行動作，整體來說偏向為武老生。詮釋者本身擅長的行當為武老生、武生，在詮釋上並無不協調之處，由於情緒的展現較為單一，將甘瘤子的角色形塑的較為嚴謹、拘束。

十三、常德慶

反派角色中主要的男性角色人物之一。在整齣戲中，服裝造型為駝色百姓衣外加斜領坎肩，配戴骨質項鍊、腰間掛有葫蘆、手持楞杖。

妝髮造型，戴蓬鬆的短髮頭套，粘滿鬍與上鬍，以編織布繩頭戴綁於額上。整體呈現粗獷、不拘小節的形象。

〔註 27〕圖片出處：2011《火燒紅蓮寺》DVD，擷取自 00:32:05。

圖 3-27：《火燒紅蓮寺》常德慶角色造型〔註 28〕

在〈婚禮〉一折時，提到自己的名號，使用了戲曲中英雄好漢自報家門時，慣用拍腰後豎起拇指的身段動作，顯示了正在自報家門的狀態。常德慶在走路時處著拐杖，半邊身體高低起伏、手部擺動幅度大，詮釋出常德慶跛腳的角色設定。〈劫庫銀〉中，為主要先對卜文正等人發起攻擊、挑釁的行為，但搶奪官銀殺害官兵卻是由甘瘤子做，這樣的安排顯得常德慶的性格較為奸詐、詭計多端。

〈解危〉一折，常德慶前往紅蓮寺的路上遇上陸小青，推算方向後，常德慶認為陸小青為敵人，隨之發起攻勢。

在與陸小青對打的過程，使用了拐杖與爪的動作，進行武戲場面。當陸小青抵擋不及時，常德慶一手放至腰間葫蘆，一手以劍抉的手勢，呈現出引導劍光出葫蘆的樣貌。整折戲中，展現了常德慶心思縝密的性格，拐杖、爪、劍光的使用，也凸顯了常德慶的異於常人。

〈全面開戰〉中，常德慶不斷煽動甘瘤子殺甘聯珠，但真正開打後又閃於一旁，與〈劫庫銀〉一折相同，顯得常德慶喜愛引發事端，卻不願意承擔後果的性格。

整體來說，常德慶一角在劇中的設定是較令人不喜的反派角色，在行當上可以被劃分至淨行的範疇中，整體形象較為粗獷。常德慶的詮釋者，原先熟悉

〔註 28〕圖片出處：2011《火燒紅蓮寺》DVD，擷取自 00:32:05。

的角色行當為老生，在詮釋上，刻意將身段動作放大，呈現出角色人物粗獷的樣貌，而拐杖的靈活運用使武戲場面更加豐富，在角色人物性格的展現上也拿捏得宜。詮釋者為常德慶角色人物，增添了更多的色彩。

十四、甘大娘

反派角色，甘瘤子的妻子，甘聯珠之母，正邪立場較為不明確。角色造型主要以暗紅、紅色為主，內著武旦衣，外搭深紅帶黑金花邊坎肩，黑金色腰封。妝髮造型上，戴古裝頭，中分瀏海黏貼美人尖，後面將散髮盤起，呈現婦人頭，頭飾以金色為主。在〈甘家婚禮〉一折中，則是在原先的服裝造型上多加一層藍紗外罩（參考圖 3-25），與甘瘤子的服裝造型成套。

由於甘大娘與甘瘤子的原先服裝造型並非成套，在婚禮的情節上，使兩人套用同色系的藍紗外罩，可以直接表示兩人的夫妻關係，再者也讓整體形象顯得比較文氣、大器，符合辦喜事的情節。

圖 3-28：《火燒紅蓮寺》甘大娘（右一）角色造型 2〔註 29〕

十五、智圓和尚

反派角色中主要的男性角色人物之一。服裝造型以明黃色為主，上身著僧衣外加紗質袈裟，袈裟上帶有金色絲線勾花，配戴長佛珠。妝髮上使用假頭

〔註 29〕圖片出處：2011《火燒紅蓮寺》DVD，擷取自 00:32:05。

皮塑造住持的形象，並點有九顆戒疤，粘灰髯、炸眉。一般常見黃色僧服會配紅底金線的袈裟，在劇中知圓和尚則是刻意使用了紗質勾金花的袈裟，打破剃度出家清雅的形象，顯示角色人物形象奢華的性格，而炸眉的使用及較為上吊的眼妝，也為知圓和尚增添了野性、善於算計的性格。

圖 3-29：《火燒紅蓮寺》知圓和尚角色造型〔註 30〕

智圓和尚一角出現的場次較為零碎，在〈婚禮〉、〈地牢〉、〈陷阱〉、〈紅蓮劫〉、〈全面開戰〉、〈破機關〉皆有出現，主要在〈地牢〉及〈紅連劫〉兩折中有比較多的展現。

〈地牢〉的後段中，雪蓮帶領卜文正與眾少女要離開紅蓮寺地牢，智圓和尚出現阻止了雪蓮等人的去路，智圓和尚以刀代替手，用刀指向卜文正進行口白展現。

講述口白的過程中，智圓和尚眼神在刀與卜文正之間游移，呈現出卜文正任智圓和尚宰割的意象，而後智圓和尚欲殺卜文正，雪蓮急忙保護卜文正並對智圓和尚吐口水，智圓和尚以左手緩慢摸臉，隨後舉刀將雪蓮殺死，整段戲中塑造出智圓和尚兇惡殘暴的形象。

〈紅蓮劫〉的開頭，智圓和尚與甘瘤子等人坐在大殿中，左右有美人相伴，此畫面建構了紅蓮寺內不為人知的一面。而智圓和尚坐在中間的位置，凸顯了他在紅蓮寺中的地位。在聽到常德慶來報信時，知圓和尚率先站起，下達

〔註 30〕圖片出處：2011《火燒紅蓮寺》DVD，擷取自 00:15:29。

關押卜文正的命令。此折的口白與場面安排，使智圓和尚的地位與甘瘤子平行，一個為紅蓮寺之主，一個為甘家寨之主。

智圓和尚一角應被劃分在淨行中，身段動作的設計上使用了比較大量粗獷的動作安排，去呈現與正派和尚的對比差異。而詮釋者原先的角色行當為生行、武生、老生，在詮釋角色上總整表演經驗，呈現出情緒反應張弛有度的智圓和尚。

十六、知客和尚

反派角色中主要的男性角色人物之一。服裝造型以灰色為主，身著僧衣外加坎肩，袖口配戴護手，配戴佛珠，手持缽。妝髮上使用假頭皮塑造和尚剃度的形象，並點有六顆戒疤，臉部妝容化有一字眉及刀疤。整體上成功的塑造了知客和尚不正經之感。

圖 3-30：《火燒紅蓮寺》知客和尚角色造型〔註 31〕

十七、陳繼志

劇中唯一的小孩角色人物，與紅姑一同於仙山修煉武藝及法術，為紅姑的親生兒子。

服裝造型以米色、駝色為主，著短袖百姓衣，外加坎肩，使用護手及綁腿。妝髮造型上，使用演員本身的頭髮進行樣式設計，呈現頭上兩角的模樣，

〔註 31〕圖片出處：《火燒紅蓮寺》劇照，財團法人廖瓊枝歌仔戲文教基金會提供。

以紅色緞帶作為點綴。

陳繼志的頭上兩角造型，原著小說中陳繼志的角色形象為頭上有五個尖角，兩者之間相互呼應。護手、綁腿的使用，也凸顯了陳繼志會武功的設定。

圖 3-31：《火燒紅蓮寺》陳繼志角色造型〔註 32〕

在劇中陳繼志多跟隨紅姑一同出場，唯〈解危〉一場有獨自出場與常德慶呈現對手戲。在〈紅姑下山〉一折中，陳繼志將師公沈棲霞拉至一旁，向沈棲霞撒嬌，呈現了小孩天真可愛的性格。

〈酒店〉一折，陳繼志拉不斷拉著桂武，要桂武講述奇聞軼事，直到紅姑阻止陳繼志，陳繼志才嘟嘴走回紅姑身邊，此段的詮釋，展現了陳繼志對新奇事物的好奇心。

〈解危〉一折中，陳繼志見常德慶放出劍光，他也放出劍光與之對戰，常德慶的劍光被陳繼志打落後，陳繼志以頭撞擊常德慶，呈現「鐵頭功」的招式，最後常德慶落敗，陳繼志站在其背後，以雙手握拳的方式進行捶打的動作。

在此折中，陳繼志因看到有人放劍光，玩心大起，才放出劍光與之對戰，呈現了小孩喜愛熱鬧、玩耍的特性，在身段動作上，刻意安排鐵頭功與雙手捶打的動作，以符合陳繼志角色的年齡展現。

陳繼志一角，依戲曲的角色行當分配，可以被歸類至娃娃生的範疇。娃娃生的角色，在戲曲中通常由年幼的演員或是女性演員來扮演。陳繼志的詮釋

〔註 32〕圖片出處：《火燒紅蓮寺》劇照，財團法人廖瓊枝歌仔戲文教基金會提供。

者原先行當為花旦，因個頭嬌小，在扮演小孩角色上並沒有太大的違和感，花旦的俏皮，也為陳繼志一角多添了撒嬌、機靈之感。

第二節 《俠女英雄傳》角色形象塑造與演員詮釋風格

時隔六年的再製，由於表演場地不同、燈光設備等的變換，角色人物的服裝造型也進行部分修正，以下將分別論述重要角色的外在服裝妝髮形象塑造。

在詮釋風格的部分，2017 年製演的《俠女英雄傳》部分角色人物的詮釋者與《火燒紅蓮寺》的詮釋者相同，故詮釋風格的分析上，會著重以詮釋者有變動的角色人物進行論述。

表 5：2017 年《俠女英雄傳》演員詮釋角色風格

劇中角色	詮釋角色演員	劇中角色行當	詮釋角色演員行當
紅姑	張孟逸	苦旦、武旦	苦旦、正旦
陸小青	古翊汎	武生	小生、武生、老生
甘聯珠	廖玉琪	武旦	老旦、正旦
桂武	江亭瑩	武生	小生
柳遲	許麗坤	武生	小生
呂宣良	劉冠良	老生	老生、武生
沈棲霞	吳米娜	老旦	小生
卜文正	黃雅蓉	老生	老生、小生
甘祖母	狄玫	老旦	花旦、小旦
雪蓮	王台玲	小旦	花旦、小旦
逍遙仙姑	童婕渝	妖婦	花旦、小旦
甘瘤子	吳世明	武老生	武老生
常德慶	謝玉如	粗角	老生
甘大娘	蘇洺芸	老旦	小旦、老旦
知圓和尚	林藝宸	粗角	武丑、粗角
知客和尚	陳韋安	三花	武老生
陳繼志	朱亮晞	娃娃生	花旦、小旦
紅姑乳母	李怡純	老婆	彩旦
陳友蘭	林祉淩	小生	小生、老生

製表人：江君儀（資料出處：筆者參考《俠女英雄傳》節目單整理）

一、角色形象塑造

經由筆者對比定裝照與演出影片，在角色形象塑造上，定裝照的形象與真實演出的形象相同，僅部分紅姑、卜文正因劇情所需進行形象改變，故在此筆者以演出定裝照作為主要分析依據，紅姑與卜文正佐以影片截圖進行論述。

（一）正派角色——紅姑、甘聯珠、桂武

紅姑服裝造型以漸層桃紅粉色為主，內著武袖長袍，外披紗質滾金邊外罩，滾金邊白色腰封搭於外罩上，使用護手，劇中持劍。妝髮造型使用全頂古裝頭，貼有美人尖，將美人間梳成中分造型，貼長鬢角。頭飾以紅、金、銀為主，使用飄帶妝點，呈現角色人物飄逸俠氣的形象。

圖 3-32：《俠女英雄傳》紅姑（左一）、甘聯珠（右一）、桂武（中）角色人物劇照形象〔註 33〕

甘聯珠服裝造型以漸層淡紫色為主，內著武旦服，外披紗質滾金邊外罩，滾金邊淡紫色腰封搭於外罩上，使用護手，劇中持雙劍。妝髮造型使用全頂古裝頭，留有齊劉海，貼長鬢角。頭飾以紫、金色為主，後腦的頭髮梳成馬尾，

〔註 33〕圖片出處：《俠女英雄傳》劇照，薪傳歌仔戲劇團提供。

以辮子進行造型妝點。整體呈現角色人物較為俏麗的形象。

桂武服裝造型以鵝黃色為主，內著武袖滾金邊長袍，外搭長坎肩，滾金邊腰箍搭於長坎肩外。妝髮造型使用全頂都馬頭，外貼男性鬢角，束髮以同色系鵝黃色布纏繞，扣金綠色單寶石頭飾。整體呈現角色人物光亮的形象。

（二）正派角色——陸小青、柳遲、呂宣良

陸小青服裝造型以漸層藍綠色為主，內著滾銀邊立領武袖長袍，外搭滾銀邊單肩飄紗坎肩，滾銀邊腰箍搭於飄紗坎肩外，背後的紗未搭進腰箍中，使用護手，劇中持劍。妝髮造型使用全頂都馬頭，外貼男性鬢角，束髮使用銀綠色小生冠妝點，眉間畫有沖天紅。整體呈現角色人物陽剛俊逸之形象。

柳遲服裝造型以淺藍色為主，內著武袖長袍，外搭單肩飄紗坎肩，腰箍上滾深藍、淺藍漸層裝飾，腰箍搭於飄紗坎肩外，背後的紗未搭進腰箍中，劇中持劍。妝髮造型使用全頂都馬頭，外貼男性鬢角，左右前額邊留有長瀏海，為配戴冠帽，以飄帶做為頭飾點綴。在正式演出時，改貼長鬢角。整體呈現了角色人物風姿瀟灑之氣。

圖 3-33：《俠女英雄傳》陸小青（左一）、呂宣良（左一）、柳遲（右一）角色人物劇照形象〔註 34〕

〔註 34〕圖片出處：《俠女英雄傳》劇照，薪傳歌仔戲劇團提供。

呂宣良服裝造型以咖啡色、灰色為主，內著滾金邊咖啡色褶子，外搭灰色紗質長外罩，腰箍搭於內著褶子外，使用護手，在劇中持雲帚。妝髮造型使用全頂全白都馬頭，粘白鬢角、白鬍子、白眉毛，頭上束髮未使用頭冠，以鑽飾品及簪子進行裝飾。白髮、白眉、白鬍的使用凸顯了角色人物的年紀，整體淡雅的配色，呈現出角色人物仙風道骨的形象。

（三）正派角色──沈棲霞、陳繼志、卜文正

沈棲霞服裝造型以漸層藍色為主，內著藍色長褶子，外搭漸層藍色紗質長外罩，腰箍搭於內著褶子外，使用護手，手持雲帚。妝髮造型上戴灰白色全頂都馬頭套，粘男性鬢角，頭上束髮使用小冠、簪子，配戴耳環。整體上呈現出亦男亦女的角色人物形象。

陳繼志服裝造型以淺藍綠色為主（圖 3-35），著圓領百姓衣，外搭坎肩，同色系腰箍搭於坎肩外，使用護手。妝髮造型帶全頂古裝頭套，留有齊劉海，貼男性鬢角。頭套的髮盤為左右兩個髻，用飄帶進行纏繞妝點。淺色亮麗的服裝，與外翹的髮髻，顯示了陳繼志活潑機靈的角色人物形象。

圖 3-34：《俠女英雄傳》沈棲霞（右一）角色人物劇照形象〔註 35〕

〔註 35〕圖片出處：《俠女英雄傳》劇照，薪傳歌仔戲劇團提供。

圖 3-35：《俠女英雄傳》陳繼志角色人物劇照形象〔註 36〕

圖 3-36：《俠女英雄傳》卜文正角色人物劇照形象〔註 37〕

〔註 36〕圖片出處：《俠女英雄傳》劇照，薪傳歌仔戲劇團提供。
〔註 37〕圖片出處：《俠女英雄傳》劇照，薪傳歌仔戲劇團提供。

卜文正服裝造型以淺藍色為主，穿著改良式的官服，有水袖。妝髮造型上，勒頭配戴改良學士帽，粘鬢角及鬍子（圖 3-36）。在〈劫庫銀〉一折中，使用斗篷呈現風塵僕僕樣貌。

圖 3-37：《俠女英雄傳》卜文正角色人物劇中形象 1〔註 38〕

圖 3-38：《俠女英雄傳》卜文正角色人物劇中形象 2〔註 39〕

〔註 38〕圖片出處：2017《俠女英雄傳》驗片用影片，擷取自 01:23:06。
〔註 39〕圖片出處：2017《俠女英雄傳》驗片用影片，擷取自 02:07:19。

〈查民情〉一折開始，服裝造型改為深藍色為主，著圓領褶子，外搭長坎肩。妝髮造型換完改良百官帽（圖 3-37）。改官服的打扮，轉為一般富貴人家的扮相。

在〈大雄寶殿〉一折中，移除外搭長坎肩及百官帽，以甩髮的扮相出現（圖 3-38）。呈現角色人物披頭散髮、衣冠不整的形象，於寫意中顯示了卜文正落難的形象。

（四）反派角色——甘瘤子、知圓和尚（甘非霸）、知客和尚

甘瘤子服裝造型以黑色、金色、動物紋為主（圖 3-39），上身著黑色武袖長袍，外搭黑、金色金蔥花紋毛邊坎肩，使用同色系護手及腰箍。

妝髮造型帶全頂都馬頭，未留散髮，將全部的頭髮盤成頭上一個髻，以豹紋樣式頭帶裝飾於額上，上有單鑽點綴。

在正式演出中，頭上的髮髻多使用了小鑽頭飾進行點綴（參考圖 3-40）。整體黑金色加上動物紋的造型設定，使甘瘤子呈現出反派角色的粗獷霸氣的形象。

圖 3-39：《俠女英雄傳》甘瘤子（左一）、知圓和尚（右一）、知客和尚（中）角色人物劇照形象〔註 40〕

〔註 40〕圖片出處：《俠女英雄傳》劇照，薪傳歌仔戲劇團提供。

圖 3-40：《俠女英雄傳》甘瘤子角色人物劇中形象 1〔註 41〕

在戲曲服裝的意象上，動物紋及皮毛的使用，多半使用於中原之外、番邦之地的角色人物上，如：陸文龍、扈三娘、佘賽花，另也有表示為反派角色人物的用途。故動物紋及皮毛在此齣戲的使用，可直接顯示角色人物之反派形象設定。

〈甘家婚禮〉一折中，為了符合大婚的喜慶，甘瘤子的服裝改以棗紅為主（圖 3-41），著圓領褶子，外搭中扣翻領長坎肩，腰箍搭於坎肩外，整體上顯現較為喜慶、文氣的扮相。

知圓和尚在劇中有兩重身份，在〈序幕〉中，服裝造型以綠色、墨綠色為主（參考圖 3-39 右一），穿著淺綠素武袍，外搭深綠暗紋毛邊斜坎肩，使用同色系護手及腰箍，妝髮造型上，勒頭配戴動物紋軟帽。顯示角色人物反派的設定，凸顯角色人物粗獷形象。

〈序幕〉後主要以和尚的身份出現，在服裝造型上以黃色、咖啡色為主，穿著黃色僧衣，外搭咖啡色袈裟，配戴一串佛珠，裝髮造型，勒頭帶佛帽。角色人物配戴的佛帽上，刻意凸顯了「佛字」，有欲蓋彌彰之感。

知客和尚服裝造型以灰色為主，穿著灰色僧服，頭戴濟公帽（參考圖 3-39 中間）。正式演出時，在僧服外多加灰銀色坎肩，配戴一串佛珠。妝髮造型上，

〔註 41〕圖片出處：2017《俠女英雄傳》驗片用影片，擷取自 00:07:55。

於濟公帽上多增加一個「佛」字。整體造型令人一目瞭然，可清楚辨認角色人物為和尚的設定。

圖 3-41：《俠女英雄傳》甘瘤子（左一）角色人物劇中形象 2〔註 42〕

圖 3-42：《俠女英雄傳》知圓和尚角色人物形象〔註 43〕

〔註 42〕圖片出處：2017《俠女英雄傳》驗片用影片，擷取自 00:22:54。
〔註 43〕圖片出處：2017《俠女英雄傳》驗片用影片，擷取自 00:24:07。

《俠女英雄傳》劇中，知客和尚於僧服外增加的坎肩，能夠使觀者快速辨別知客和尚與其他和尚之間的差異，凸顯其於紅蓮寺中身份地位的不同。

（五）反派角色——常德慶、逍遙仙姑

常德慶服裝造型以咖啡色、灰麻色為主，內著長短袖咖啡色百姓衣，外搭灰麻斜坎肩，使用灰麻色系護手，以咖啡色繩帶繫於腰上。裝髮造型上配戴短蓬頭，以麻花編織布頭帶綁於額上，遮擋頭套的配戴痕跡，粘上髫、下滿髫。持有拐杖。

常德慶的角色形象，為劇中唯一一個未使用傳統全頂頭套的角色，以蓬頭、滿髫的凸顯角色粗野狂放的人物特性。

圖 3-43：《俠女英雄傳》常德慶（左）、
逍遙仙姑（右）角色人物劇照形象〔註 44〕

逍遙仙姑服裝造型以身紫色為主，內著深紫色緞面滾雲邊武袖長袍，外搭紫色緞面接紗質外罩，外罩上以紫、金、銀色繡線及亮片繡花，黑底、同色

〔註 44〕圖片出處：《俠女英雄傳》劇照，薪傳歌仔戲劇團提供。

系繡花腰箍搭於外罩上，手持雲帚。裝髮造型帶全頂古頂頭套，左右兩邊額頭留有瀏海，中間撩起粘貼美人尖，鬢邊以捲曲的頭髮做造型。頭飾以深紫色配銀的繡片為主，使用羽毛頭飾點綴。

在正式演出中，逍遙仙姑的臉部妝容以粉色、紫色為主，在眼角邊及額頭上貼鑽點綴，塑造逍遙仙姑豔麗、邪魅的角色人物形象。

《俠女英雄傳》在角色人物形象塑造上，風格較於《火燒紅蓮寺》淡雅、飄逸。服裝色彩選用多以漸層式飄紗的使用也比較多。筆者認為原因在於，第一因科技的融入運用，雷射燈在飽和度較低的服裝上可以更加凸顯。第二則是因審美的改變，過去歌仔戲慣用飽和度、明度高的顏色，近年來則多走淡雅清麗的風格。

二、演員詮釋風格

（一）紅姑

在〈靈堂〉一折中，紅姑以站定背臺的方式出場，並未使用傳統戲曲中常出現「九龍口」亮相的方式出場。配合音樂的節奏，紅姑在節奏中手持清香緩緩的祭拜亡夫陳友蘭。在【新編曲】的前奏中，回身外翻袖亮相，直接接續唱段，唱段中紅姑一手持香，一手以水袖進行身段動作的展現，以壓抑的唱腔表達悲痛的心境，直至唱到「哭夫君」時，轉以濃厚的哭腔呈現唱段與後續的口白。此段展現了紅姑刻意壓抑悲痛至情緒崩離的過程。在【宋宮秘史】的前奏中，紅姑以退步轉圈的方式，呈現現實與回憶的轉換，當紅姑由左舞臺緩慢移動至右舞臺時，情緒也轉為少女情懷的心情與陳友蘭進行對手戲。當紅姑再度以轉圈的方式回到左舞臺，場景由回憶轉為現實。親族出現後，紅姑以文弱的聲音表情，與親族進行對白。

〈爭財產〉一折中，紅姑一手抱嬰兒，一手拉著桂武於高台上穿梭，被親族阻擋去向，兩人分散後，紅姑以長水袖進行閃避親族的身段動作，在被親族推下山（平台）時，紅姑於平台上跳至舞臺區，並進行滾地動作，呈現跌入山坡的樣子。而後紅姑於右舞臺的大面積空間，左右觀看，顯示了紅姑尋求幫忙的狀態，當親族追上時，紅姑閃避親族的攻擊，以單手拋袖、耍水袖跪搓的方式，呈現被追殺的過程。最後沈棲霞出現，將紅姑救走帶往峨眉山。在此段的展現上，紅姑在進行動作場面時，一手不忘抱著嬰兒，隨時低下頭看嬰兒，這樣細膩的處理，顯示了紅姑愛子之心。

〈紅姑下山〉一折，紅姑改原先文弱的形象，轉為英姿颯爽、舞藝高超的俠女形象。在與陳繼志對練的過程，展現劍套的程式化身段，以及對陳繼志及為疼愛的樣貌。當聽見師父沈棲霞要自己帶陳繼志下山時，面露猶豫，而後聽沈棲霞要紅姑下山行俠濟民後，紅姑隨之轉換情緒，拱手領師父之命。在此段的情緒轉折上凸顯了紅姑行俠仗義的俠義精神。〈劫庫銀〉一折中，出手解救卜文正、陸小青，當一車官銀被搶走時，二話不說捨棄，帶卜文正等人離開，呈現了紅姑果斷的性格。

〈酒店〉的情節中，紅姑在詢問桂武十年來的下落時，呈現了較為柔和的樣貌。在知客和尚等人出現後，紅姑手上的茶杯放於嘴邊，眼神看向知客和尚等人的方向，進行打量，隨後才將茶杯放下，此動作安排呈現了停頓、打量的意象。

〈地牢〉一折，則是因劇本新增紅姑唱段的因素，紅姑於唱段中呈現了其俠義之心。〈全面開戰〉中的迷魂陣，因武戲場面的重新設計，紅姑於迷魂陣中，詮釋了迷魂過程的迷茫、道心堅定破除迷魂陣的樣貌。

紅姑角色人物在劇中設定為小旦、武旦，詮釋者原先擅長的角色行當為小旦，但因其演出經驗豐富，在詮釋上除了呈現出紅姑的文弱，也詮釋了紅姑欲為民除害，堅定的俠義信念。

（二）甘聯珠

〈甘家婚禮〉一折為甘聯珠與桂武大婚的場面。甘聯珠與桂武兩人的動作在幕內唱（OS）中進行，當桂武要掀起甘聯珠紅綾時，甘聯珠輕輕閃身，呈現出嬌羞的樣貌，桂武第二次要掀紅綾時，甘聯珠以肩膀推、閃的方式，閃過桂武的手，直至桂武搭上肩膀，兩人面對後，甘聯珠才讓桂武掀起紅綾，並接住桂武拋來的紅綾，進行兩人身段動作的展現。於此紅綾不單是作為蓋頭使用，也作為兩人情絲交纏，心心相映的意象。在此段中甘聯珠的動作展現，較為被動，也顯示了兩人的關係，甘聯珠偏向為跟隨者。

〈出走〉的開頭，甘聯珠坐在椅子上以戲曲繡花的程式化動作，呈現為桂武縫補衣服的畫面，在唱段中以較沈穩的方式呈現，情緒參雜了對婚姻生活的甜蜜之感。當桂武回到家時，甘聯珠見桂武神色怪異，先朝向觀眾席進行反應，才回過身詢問桂武，當桂武問甘聯珠甘家寨到底是在做什麼時，甘聯珠表情轉為心虛，在講口白及做身段的過程，眼神不斷往桂武的方向看去，而桂武說破甘家寨作為後，甘聯珠往後退步亮相，隨後將桂武的手推開，直至桂武說甘聯珠是賊婆後，甘聯珠跌坐在椅子上，欲再向前向桂武解釋，但見桂武背過身不理，甘聯珠坐在椅子上以身體顫動的方式呈現哭泣的狀態。

在聽見桂武說自己要離開時，甘聯珠收起前面些微鬧彆扭的情緒，回身將低姿態的桂武扶起，告知桂武離開甘家寨並非易事，在桂武不斷請求的過程，甘聯珠以搖頭、閃避桂武的動作，呈現左右為難的樣貌。在甘祖母出現後，甘聯珠站於一旁，低頭不語，當桂武向甘祖母說要帶自己離開時，甘聯珠以手放至桂武的嘴巴前，呈現要捂住桂武的嘴巴讓桂武不要再繼續說下去的狀態，桂武推開後甘聯珠後兩人位置進行錯位，甘聯珠再度要遮擋桂武，卻依然被桂武推開，直到甘祖母說要替兩人餞別時，甘聯珠雙手呈平排手位置顫抖，手慢收至胸前與嘴巴前的位置，呈現出禍從口出、極其害怕的情緒。

而甘聯珠在唱段中，回到自己的房間，背過身朝向椅子的方向啜泣，當桂武將甘聯珠轉過身來時，甘聯珠用肩膀顫動、吸鼻子的方式，呈現哭泣的狀態，桂武詢問為何難過時，甘聯珠的難過的情緒在瞬間展現出來，以哭腔的方式陳述口白。〈出走〉整折戲，甘聯珠的情緒轉變多，同時需要處理甜蜜、緊張、氣憤、難過、驚恐等情緒，在身段動作上並有刻意安排有特殊意涵的動作，主要藉詮釋者對情感的拿捏呈現此段。

〈過四關〉一折，為甘聯珠及桂武兩人逃離甘家寨的過程，有大量的武戲場面安排，在情感轉換上主要在甘聯珠遇上甘大娘時，母女之間的親情戲。〈酒店〉中，當桂武與紅姑進行敘舊時，甘聯珠默默的拿起茶壺水杯為所有人倒茶水，顯現了甘聯珠賢慧識大體的人物性格。

甘聯珠角色人物，偏向融合了花旦及武旦的特性，文武各半。詮釋者擅長的行當為小旦、老旦，在詮釋甘聯珠角色上，顯得性格較為沈穩。在武戲的場面上，相較於《火燒紅蓮寺》較少。

（三）桂武

〈甘家婚禮〉一折為甘聯珠與桂武大婚的場面。當幕內開唱，桂武將手緩緩的靠近甘聯珠的紅綾，欲掀開紅綾卻被甘聯珠閃過，隨後桂武輕笑，由甘聯珠的身後繞至另一邊，再度以雙手靠近呈現掀紅綾的動作，甘聯珠閃身，桂武呈現出似笑似無奈的表情，將雙手搭上甘聯珠的肩膀，將之轉過身來，隨後掀起紅綾，將紅綾拋與甘聯珠，進行兩人身段動作的展現。於此紅綾不單是作為蓋頭使用，也作為兩人情絲交纏，心心相映的意象。此段身段的展現上，呈現出桂武與甘聯珠兩人的關係，桂武偏向為主導者。

〈發現真相〉一折，為桂武主要場次之一。桂武由右舞臺平台出場，亮相完後下階梯，轉身拉單雲手呈現觀看風景的樣貌，而後以 S 型走位回到舞臺中央雙穿手，手背於後站定。此出場方式，顯現了桂武於樹林中練武愉悅的心情。在【苦心求讀】唱段，將贊子、金雞獨立的身段動作融入其中，唱段結束後，桂武配合音樂打拳套，整體呈現了桂武文武兼具的特性。當想起岳父甘瘤子說的話時，情緒轉為憂慮。當柳遲出現後，桂武向前詢問柳遲為何人，聽到柳遲說「來救你脫離苦海的人」時，情緒轉為不屑，認為柳遲就是隨意說瘋話的奇異之人，在與柳遲對白的過程中，桂武情緒由原先的不信轉為懷疑，最後轉為決意要前往柳遲所述之地進行確認的堅定。

〈劫庫銀〉一折，桂武站在高台上，看著岳父甘瘤子的所作所為，情緒由原先的震驚轉為哀傷，顯示了對自己識人不清的難過心境。轉〈出走〉一折時，桂武快步由左舞臺走至右舞臺，當場景轉為房間後，桂武放慢腳步，看見甘聯珠時，背過身呈現猶豫之狀。桂武以冷靜的口氣詢問甘聯珠甘家寨之事，在兩人對白過程，桂武的情緒由冷靜逐漸轉為激動，最後罵甘聯珠是賊婆後，背過身不願與甘聯珠交談，細部表情呈現出知道自己言語傷害了對方，但因被騙的情緒還是不願意向前靠近。直到聽見甘聯珠說明怕斷了緣之後，桂武才向甘聯珠說明，自己並非無情人，但實不願待在甘家寨助紂為虐，並向甘聯珠弓箭步拱手，請甘聯珠成全自己的離開。此段中，桂武弓箭步拱手的身段動作，呈現了低姿態，詮釋出對甘聯珠的尊重，也顯示了角色人物的剛正。

當甘聯珠告知桂武離開甘家寨比登天還難時，桂武情緒轉為激動，不斷請求聯珠幫他離開甘家寨，甘祖母出現後，桂武拉著聯珠向甘祖母說明要帶聯珠離開甘家寨出外創造事業時，情緒為擔憂，直至甘祖母答應說要替兩人餞別時，桂武露出笑容。場景轉回甘聯珠閨房後，桂武以右手拳頭敲擊左手手掌的動作，展現出事情順利成了的樣子，而甘聯珠背對桂武，桂武朝甘聯珠的方向走去，雙手搭住甘聯珠的肩膀，將其轉過身來，卻發現甘聯珠正在啜泣，此身段動作對比〈甘家婚禮〉桂武在掀甘聯珠紅綾的身段動作，兩者做了相同的身段動作安排，但卻是兩種截然不同的情緒，兩者之間相互呼應。整折戲中，桂武在身段動作的安排上，未有比較特殊的安排，主要是在情緒的轉折上較多。

〈過四關〉一折，為甘聯珠及桂武兩人逃離甘家寨的過程，有大量的武戲場面安排。桂武在此折戲中，主要展現勢必要帶甘聯珠離開甘家寨的情緒，不似甘聯珠有比較多親情的情感展現。武戲場面的段落較多，也凸顯了桂武的身手不凡。

〈酒店〉的情節中，紅姑在詢問桂武十年來的下落時，桂武以風輕雲淡的方式帶過十年來的種種。而知客和尚等人出現後，桂武回身觀察知客等人的舉動，隨之拿起茶壺起身，假意要靠近雪蓮與之搭話，卻被眾和尚擋下來，桂武往後退幾步對著眾和尚微微低頭以示尊重，但眼神卻停留在雪蓮身上，緩慢的與眾和尚們過位，請店家協助添茶水。整段動作的展現，呈現出桂武探查知客和尚等人的過程。

桂武一角為半文半武的生行角色，其詮釋者原先的角色行當為生行，但官生戲、小生戲、老生戲、短打武戲多的角色，皆在詮釋者可掌控的範圍，故桂武在詮釋者詮釋下，與原先半文半武的角色人物設定相差無幾，整體的表演上流暢、適當。

（四）柳遲

〈柳遲下山〉中，柳遲以吊鋼絲的方式由左舞臺飛至右舞臺定位。在與師父呂宣良的對白過程，以拱手、低頭的低姿態，呈現對師父的敬重，在呂宣良命令柳遲下山時，柳遲二話不說以拱手的方式，呈現接下了師父的命令樣貌。在呂宣良要柳遲注意奇緣時，柳遲眼神看向遠方，呈現出嚮往自由自在生活的樣貌。體現出柳遲生性瀟灑，隨風飄泊的角色人物性格。

〈發現真相〉中，柳遲手持扇以緩慢的方式出場，站於高台上觀察桂武的言行舉止，當桂武唱段到尾奏時，柳遲悠悠的從樓梯走至舞臺平面。

與桂武對白的過程中，靈活使用扇子呈現身段動作，在告知桂武甘家寨真面目與東邊樹林之事後，以拋接扇回身的身段動作下場，流暢的動作安排，呈現了柳遲風姿瀟灑、氣度不凡的樣貌。

〈迷魂小青〉一折，柳遲靈活運用劍、劍鞘、劍穗，進行身段動作的展顯，顯示了角色人物風姿瀟灑的姿態。

柳遲在設定上，為半文武的生行角色，但柳遲在武戲的呈現多過於文戲展現，應該更偏向歸類於武生的範疇。角色本身的口白與唱段安排，呈現了此角色自由瀟灑的性格。柳遲的詮釋者，本身擅長的行當為生行，為了凸顯柳遲一角的角色人物設定，在詮釋上使用了扇子、劍去輔助呈現角色人物的樣貌，在詮釋者靈活運用道具的情況下，使柳遲一角的人物形象更加鮮明。

（五）陸小青

〈劫官銀〉一折中，陸小青以斜場翻身飛腳的方式出場，手持馬鞭迎卜文正出場。卜文正唱段結束後，兩人以圓場的腳步於舞臺平面上進行穿梭，呈現趕路、路途崎嶇的場面。下馬後，陸小青於唱段中以飛腳轉換位置，在舞臺中間以弓箭步左右觀望的身段動作，顯示出查看路徑的狀態。聽見叫喊聲後，察覺情況不對，隨之與甘瘤子的手下進行武戲場面，在對招過程陸小青一面禦敵，一面保護卜文正的安危。當甘瘤子等人出現後，陸小青與之進行對白，呈現出保護卜文正的樣貌，當甘瘤子說劫官銀是為卜文正與陸小青的烏紗帽設想時，陸小青情緒轉為氣憤，欲向前與之理論。此段的情緒反應，凸顯了陸小青奉公職守的個性。

〈迷魂小青〉一折，為陸小青與逍遙仙姑的對手戲。陸小青在此折中由平台出場，在唱段過程由平台下至舞臺平面，以圓場腳步、雙手高於頭的動作展現出四周圍的意象，隨後以翻身、踹燕翻身的身段動作與圓場，於舞臺上進行走位變換，呈現出於山野之中尋找路徑的樣貌。在與逍遙仙姑對戲的過程，持續抱持懷疑與警戒之心，直至逍遙仙姑對陸小青做出擦汗的舉動時，陸小青情緒轉為對此人無禮行為的責備，而後被逍遙仙姑迷魂時，展現出迷茫的情緒轉換。在此折戲中，陸小青以翻身等身段動作，展現出武藝不凡的樣貌，在情緒的來換轉換中，呈現了陸小青狀態的差異。

〈陷阱〉一折，主要為陸小青查探紅蓮寺內部的情節。在此折戲中，陸小青以大量的翻滾、飛腳的身段動作，來回平台與舞臺平面進行表演，呈現躲避紅蓮寺機關的狀態。〈全面開戰〉中，以流暢的動作，進行武戲場面的開打呈現。

陸小青的角色設定上為武功高強的護衛，於行當歸類上可以劃分至武生的範疇中。

而陸小青的詮釋者，原先熟悉的角色行當為武生、武老生、老生，對於大量的武戲場面與躲避機關的個人身段展現上，皆能夠以難度較高的身段動作進行表演。

整體詮釋上符合了其角色人物原先的設定，以俐落的身段展現出角色人物之武藝不凡，藉詮釋者對於武戲的處理能力，使得機關布景得以有更好的效果呈現。

（六）卜文正

〈劫官銀〉一折，卜文正領陸小青以及眾官兵押送官銀。右手持馬鞭，左手抓斗蓬進行身段動作，指揮官兵的動作清楚有力，雖為文官但整體詮釋上呈現出剛硬之氣。

唱段結束後，跟隨陸小青身後，以圓場的方式穿梭於舞臺中，呈現趕路的樣貌。下馬後於一旁等待陸小青查看路徑。甘瘤子等人出現後，陸小青與卜文正解釋對方的來歷，卜文正不畏懼強盜作為，向他們說明官銀的用途，當陸小青氣憤欲與甘瘤子等人進行理論時，卜文正以手掌呈現手勢阻止陸小青。此段的安排上，凸顯了卜文正清廉愛民的形象，對於甘瘤子等人，也希望以最好的方式解釋，化干戈為玉帛。在聽完甘瘤子的話後，說明自己絕無可能合作，呈現了卜文正作為清官的堅持。

〈查民情〉與〈酒店〉兩折戲，卜文正呈現較多的水袖身段動作，在劍指使用時，會以另一隻手抓住水袖，在此細節的安排上，顯現了文武之間的差異性。

〈酒店〉中，卜文正站於高台要進入酒店時，遇上了百姓，卜文正低頭向後退了兩步，讓出路讓百姓先過，呈現了卜文正低調行事的作風。

知客和尚等人進酒店後，卜文正將身體角度微微轉向幾個人所在的方向，默默觀察詭異之處，直至雪蓮被帶走，卜文正急忙站起，將錢銀放至桌上，追著知客和尚等人離去。

〈卜文正被抓〉一折接續在〈酒店〉的後面，卜文正追著雪蓮等人的腳步至樹林中，以圓場的腳步在舞臺上穿梭，呈現出於樹林尋人之意象。在被知客和尚等人抓住時，身體動作配合對手出拳的方向，呈現出被打力道極大的感受，最後知客和尚搧打卜文正，卜文正以轉身、拋袖、跌坐的方式呈現被攻擊的過程。

〈大雄寶殿〉中，卜文正在進行唱段時，運用了甩髮功呈現受難、落魄的樣貌，以堅毅的口吻表現口白，凸顯了卜文正面對惡人要脅，抵死不從的清官形象。

卜文正在設定上，為老生或是官生，但其角色人物性格上又較為剛正不阿。詮釋者所擅長的角色行當為小生、老生，經常詮釋王魁一類需融合正派小生的儒雅、反派小生的硬氣之角色人物，故卜文正在詮釋者的詮釋下，呈現出文戲武唱之感，使卜文正角色人物的形象更為多變且具層次。

（七）呂宣良

〈柳遲下山〉中，呂宣良以吊鋼絲的方式由右舞臺飛至左舞臺定位。唱段中以雲帚進行身段動作，唱段與口白都以較為嚴肅的神態進行詮釋。

在〈解危〉、〈全面開戰〉、〈破機關〉、〈火燒紅蓮寺〉幾折戲中，主要以雲帚進行武戲場面。在〈破機關〉中與沈棲霞兩人穿梭於舞臺平面與高台上，以大量的翻身、耍雲帚的身段動作，呈現破機關的過程，詮釋出呂宣良武功高強的仙人樣貌。

呂宣良的角色人物設定上，可劃分進武老生的範疇中。而詮釋者原先所擅長的行當為武生、老生，在詮釋上本就符合呂宣良的角色設定。整體來說，雖口白與唱段不多，但身段動作的展現上，將呂宣良一角仙風道骨、武藝高強之氣，呈現的十分得宜。

（八）沈棲霞

〈爭財產〉一折中，手持雲帚，以吊鋼絲的方式出場。在親族展開攻擊時，沈棲霞站於原地，揮動雲帚閃避親族的攻擊，呈現了沈棲霞法力、武功高強之感受。在進行對白時，口吻嚴厲且正經，以旦行的指法呈現指、掌的使用。

〈紅姑下山〉中，沈棲霞站於高台上，面帶欣慰及笑容看著紅姑與陳繼志母子兩進行對練，當兩人對練結束後，沈棲霞緩緩由高台走至舞臺平面，稱讚兩人練的很好，整體呈現了對兩人照顧有加、慈愛的感受。當命令紅姑與陳繼志下山時，並未呈現出離別的難過情緒，符合了修道之人，隨緣的性格。

在〈解危〉、〈全面開戰〉、〈破機關〉、〈火燒紅蓮寺〉幾折戲中，主要以雲帚進行武戲場面。在〈破機關〉中與呂宣良兩人穿梭於舞臺平面與高台上，以涮腰呈現閃避飛劍的樣貌，在與眾和尚對招時，靈活使用雲帚進行武戲場面兒排，呈現破機關的過程，詮釋出沈棲霞武藝奇高的樣貌。

沈棲霞的角色人物形象，亦男亦女，比較難以傳統的角色行當去界定。其詮釋者原先擅長的角色行當為生行，在對於角色的呈現上雖使用了旦行的指法，但在武戲場面的呈現上較為剛硬。整體來說，詮釋者藉由指法的使用，呈現了沈棲霞亦男亦女的角色形象，不過於偏重任何一個角色行當，將其角色詮釋出特殊的風貌。

（九）陳繼志

〈紅姑下山〉一折，在與母親紅姑對練的過程，屢出奇招，當劍被紅姑打掉時，陳繼志瞬間以頭攻擊紅姑，呈現出鬼靈精怪的孩子樣貌。

在得知要下山後，陳繼志用手抓住沈棲霞的手腕，對其撒嬌，以撒嬌的語調講口白，顯示了陳繼志鬼靈精怪之外，愛撒嬌的性格。〈劫庫銀〉中，與紅姑一同出場，替卜文正、陸小青解圍，在對招過程，使用踩腳、敲對手頭的動作安排，顯示了陳繼志俏皮、不懼惡人的樣貌。

〈酒店〉一折中，陳繼志與紅姑一行人至酒店用餐敘舊，陳繼志以跑的方式上場，回過身拉著桂武的衣袖，腳下以小跳的方式呈現小孩的喜悅。進店後，陳繼志率先搶了桂武旁邊的位置，顯示了孩子對新奇事物好奇時，比較不顧他人的狀態，直至紅姑阻止，陳繼志才低頭走回紅姑旁邊坐下。

陳繼志一角的設定為娃娃生，原在戲曲中娃娃生多為年幼演員或是旦行演員進行詮釋。而詮釋者原先的角色行當為小旦，多詮釋花旦的角色，因其個子嬌小，在詮釋陳繼志上十分協調，能夠妥善的處理撒嬌、俏皮的角色性格。

（十）甘瘤子

〈甘家婚禮〉一折，角色人物的形象上較為文雅。雖為自己女兒的大婚之日，但在唱段與口白的表現上，呈現不苟言笑較為嚴肅的樣貌。〈劫庫銀〉中，率領大批人馬埋伏，欲劫卜文正押送的官銀，在聽見卜文正說官銀並非官府開用時，以大笑的方式呈現出對卜文正所言感到可笑的情緒，隨後以左手持刀背，右手進行身段動作，顯示了角色人物霸道粗獷的形象。

甘瘤子不斷想說服卜文正幫助甘家寨行惡，而常德慶卻發號開搶的命令，甘瘤子只能收起言語說服的方式，進行開打，而後殺害官兵劫取一車的庫銀。此段中，甘瘤子的口白設計，顯示了角色人物的聰明，想以動口不動手的方式，換取甘家寨長期的資源，而最後殺害官兵的動作安排，也使甘瘤子的人物形象增添狠戾的氣息。

〈紅蓮劫〉、〈全面開戰〉中多為武戲場面呈現，唯〈全面開戰〉其中一小段展現了與甘聯珠之間的父女之情。

（十一）常德慶

〈甘家婚禮〉中與逍遙仙姑、知圓和尚一同出場。在唱段中進行自報家門，以拍腰、大拇指指自己的動作，展現自報名號的樣貌。〈劫庫銀〉中，率先對陸小青等人喊聲，不屑卜文正提督的身份。在甘瘤子與卜文正等人進行對白時，站於一旁默吭聲，直至卜文正不願配合，常德慶耐不住性子率先發號司令，進行官銀的劫取。此折戲中，常德慶兩次的先行出聲，表示了其衝動的個性。

〈過四關〉中，常德慶追著桂武與甘聯珠至郊外，常德慶欲教訓兩個不肖之人，以拐杖進行武戲動作，紅姑出現使用「梅花針」招式攻擊常德慶，常德慶以左手護著胸口翻身，呈現保護心脈、閃躲梅花針的意象。

（十二）逍遙仙姑

〈甘家婚禮〉中與常德慶、知圓和尚一同出場。在唱段中進行自報家門，以類似旦行的掌，單掌放至胸前的位置，進行自報家門，與戲曲旦行常使用雙掌放於胸口表示「我」意象相同。

在與甘家寨中的人對白過程，以較尖銳的聲腔進行笑聲與口白詮釋，顯示了逍遙仙姑外放、妖豔的特質。

〈迷魂小青〉中，逍遙仙姑看見陸小青，與之對戲時，為了降低陸小青的戒心，在身段動作的安排上，刻意呈現較為正經的狀態，當陸小青低頭喝水時，逍遙仙姑以爪、小跳的方式接近陸小青，透露出逍遙仙姑「妖」的樣貌。而〈全面開戰〉中，逍遙仙姑手持雲帚，透過翻身、變換走位，呈現佈置迷魂陣的過程。

逍遙仙姑一角，在設定上亦人亦妖，偏向是歌仔戲中獨有的旦行妖婦角色範疇。詮釋者所擅長的角色行當為小旦、花旦，也經常詮釋需進行部分武戲開打的旦行角色，整體詮釋上將逍遙仙姑，妖與人的特質完整展現，在轉換上極為流暢。

（十三）知圓和尚

〈甘家婚禮〉中與常德慶、逍遙仙姑一同出場。在唱段中進行自報家門，以立掌於胸前的方式，進行角色描述。在甘祖母告知知圓和尚有準備豐富素菜時，眾人皆知指的是酒肉宴席，知圓和尚隨之看相左右兩旁後，雙手由上至下合十，念「阿彌陀佛」的口白，呈現了知圓和尚欲蓋彌彰的樣貌。

〈地牢〉一折中，雪蓮帶領卜文正與眾少女欲逃離地牢，知圓和尚帶領知客和尚及紅蓮寺眾和尚，阻擋雪蓮、卜文正等人的去路，知圓和尚下令將眾少女抓到自己的禪房時，以手握拳的動作，呈現運籌帷幄，眾人性命都掌控在自己手裡的意象。

〈大雄寶殿〉與〈全面開戰〉、〈破機關〉皆為武戲場面居多，對於角色的詮釋上，未安排特殊的身段動作或是唱段口白來進行角色人物進一步的詮釋。

知圓和尚的形象設定上較為模糊，又似淨行又似丑行，而詮釋者原本擅長的角色行當偏向武丑，但因其本身的舞臺經驗，對於角色詮釋的涉略較為廣泛，故在詮釋知圓和尚時，整體來說並未出現很明顯角色形象、行當不對應的情況。

（十四）甘祖母

〈甘家婚禮〉一折中，在與知圓和尚進行對白時，右手持枴杖，身體微微向知圓的方向前傾，呈現出老謀深算的樣貌。〈出走〉中則是以似笑非笑的表情，與桂武及甘聯珠進行對白，令人產生不寒而慄之感。

〈過四關〉為甘祖母比較主要的一折戲，無論在號令甘家寨眾人追殺甘聯珠及桂武，還是在對甘聯珠及桂武兩人的唱段，皆呈現出狠戾、不留情的情緒反應。整體再處理上，詮釋出甘祖母較為心狠手辣的角色形象。

甘祖母的詮釋者本身擅長的行當為小旦、花旦，而甘祖母的角色人物的形象設定上為老旦。整體在詮釋角色上形象性格明確，但在情緒的處理上較為單一。

（十五）雪蓮

雪蓮一角主要的戲份在於〈酒店〉與〈地牢〉，雖場次不多卻是情節轉折的重要樞紐。〈酒店〉中，雪蓮被知客和尚等人帶進酒店，雪蓮三番兩次伸出手，想與桂武等人求救，卻被知客和尚擋下來。

〈地牢〉一折，為雪蓮情緒呈現的主要場次。在雪蓮大段唱段中，一開始表現了憤恨不平及悲傷之感，唱段過程逐漸轉為勢必要揭露紅蓮寺、救出卜文正等人的情緒。唱段結束，雪蓮走近關押卜文正的牢籠外，喚醒卜文正並告知他紅蓮寺的所作所為，希望卜文正可以為民伸張正義，卜文正答應後，雪蓮才將藏於腰間的地牢鑰匙拿出來，打開了地牢大門。此段的設計安排，呈現出雪蓮對卜文正態度的試探，也顯示了雪蓮將希望賭在卜文正身上，不希望所託非人，直至卜文正以堅定的態度回應雪蓮，雪蓮冒著風險將地牢鑰匙取出。

在逃離地牢時，被知圓和尚等人發現，在知圓和尚準備對卜文正痛下殺手時，雪蓮衝出保護卜文正，呈現出情願犧牲自己換其他人活命的可能的心境。最後雪蓮被知客和尚丟入後山，雪蓮以滾動的方式呈現出被丟入後山，滾下山坡的意象，紅姑出現後，雪蓮以虛弱的口氣表現口白，細部表情呈現出對紅蓮寺的憤恨及渴望有人逞奸除惡的企盼，在告知紅姑紅蓮寺之事後，最後死於紅姑懷中。

雪蓮角色在劇中設定為旦行，由於是尼姑，並未特別將其劃分至小旦或是花旦的範疇中，但因唱段與口白的安排較為悲苦，筆者認為可以歸類至苦旦的範疇。而詮釋者原先所擅長的角色行當為小旦、花旦、苦旦，故在詮釋此角色上並未有不合宜之處，反而哭腔的靈活運用，更凸顯出雪蓮一角的悲戚之感。

歸結《俠女英雄傳》的角色人物詮釋風格，可以發現除了詮釋者差異之外，無論是文本的修正、舞臺機關、平台的運用，皆會影響角色人物的詮釋。雖《俠女英雄傳》為《火燒紅蓮寺》的再製，但在整體劇目上，因詮釋風格的差異，使兩劇目呈現不同的風貌，各有其異趣。

第三節　《火燒紅蓮寺》與《俠女英雄傳》角色詮釋風格差異比較

兩版本因選角的差異，形成了角色人物在詮釋風格上的不同。筆者將兩劇目的角色人物詮釋者，相同及相異之處進行表格整理。

並針對差異性較為明顯的角色：陸小青、甘聯珠、桂武、卜文正進行詮釋角色風格差異性的論述。

表 6：兩版本演員差異對照表（異）

版　本	《火燒紅蓮寺》	《俠女英雄傳》
陸小青	吳安琪	古翊汎
甘聯珠	李珞晴	廖玉琪
桂武	簡育琳	江亭瑩
呂宣良	杜建偉	劉冠良
沈棲霞	江亭瑩	吳米娜
卜文正	史青梅	黃雅蓉
甘祖母	呂雪鳳（特邀）	狄玫
雪蓮	李姵涵	王台玲
知圓和尚	柯進龍	林藝宸
知客和尚	江俊賢	陳韋安
陳繼志	李怡慧	朱亮晞

製表人：江君儀（資料出處：參考兩劇目節目單）

表 7：兩版本演員差異對照表（同）

版　本	《火燒紅蓮寺》	《俠女英雄傳》
紅姑	張孟逸	張孟逸
柳遲	許麗坤	許麗坤
逍遙仙姑	童婕渝	童婕渝
甘瘤子子	吳世明	吳世明
常德慶	謝玉如	謝玉如

製表人：江君儀（資料出處：參考兩劇目節目單）

一、陸小青角色詮釋差異

在兩劇目中，陸小青一角可以說是差異性最大的一個角色。主要原因為詮釋者原先擅長的角色行當差異。在《火燒紅蓮寺》中，陸小青的詮釋者擅長的角色行當為小生，詮釋上以文的方式多過於武的呈現，對於情感的細節掌控較於細膩，在武戲的部分則比較弱勢。

〈陷阱〉一折，陸小青多以閃避、躲藏的方式閃避機關與巡寺的人，未出現翻滾、連串性的身段動作與機關布景進行配合，呈現畫面。而在口白與唱段設計上，原先劇本安排的內容，使陸小青角色人物過於個人，在〈查民情〉中與卜文正進行對手戲時，導致上下關係錯置。

《俠女英雄傳》中，陸小青的詮釋者所擅長的行當為武生，較為符合陸小青為武藝高強的護衛之設定。詮釋過程中，武多過於文，以〈陷阱〉一折進行比較，在此版本中的陸小青以大量的身段動作去配合機關布景的運用，如飛腳下高台、小翻閃機關、跳上高台，進行畫面呈現。在口白與唱段中，進行部分修正，移除了抒情唱段及部分主導口白，〈查民情〉中的口白修正，解決了上一版本中上下關係錯置的問題。

歸結陸小青一角的差異性，可以分為兩個部分，第一個為文戲與武戲的成分差異，在前者詮釋下，文戲的展現多過於武戲的展現，使角色人物武藝高強的形象較為薄弱，而後者的詮釋，武戲的展現多過於文戲，較為符合原先角色人物的性格設定。第二個為個體性與整體性的差異，前者的詮釋，使得陸小青比較偏向是個體，雖為卜文正的護衛，但卻比較相似於朋友的關係，非上下屬的關係，在後者的詮釋下，陸小青比較偏向與卜文正綁定，上下關係較為明顯，形成兩個角色為整體的風格。

二、甘聯珠角色詮釋差異

甘聯珠一角，主要為詮釋者本身行當不同，形成詮釋上的差異。《火燒紅蓮寺》中，甘聯珠的詮釋者本身善於刀馬旦、花旦，在詮釋上俏麗的身段與武戲場面較多。在〈婚禮〉一折中較為主動。〈出走〉一折呈現出的是較為少女的面貌，最後的幾場開打戲中，也出現了比較多的武戲場面。

而《俠女英雄傳》中，甘聯珠的詮釋者所擅長的行當為小旦、老旦，在詮釋上較為沈穩，文戲與武戲的展現，比重較為均衡。在〈甘家婚禮〉中，雖有主動的部分，但整體詮釋上較為含蓄。〈出走〉一折，呈現的則是較為婦女的面貌，最後〈全面一折〉的開打戲，武戲的場面呈現的比較少。

歸結甘聯珠一角的差異性，主要在於角色人物性格的呈現，前者的詮釋上，甘聯珠顯得較為活潑，後者的詮釋下，則顯得較為沈穩。在兩者的詮釋下，甘聯珠呈現兩種不同的樣貌。

三、桂武角色詮釋差異

兩劇目中，桂武的詮釋者擅長的行當皆小生，但細節動作的處理與演出節奏的拿捏，使兩者的詮釋產生差異性。

在《火燒紅蓮寺》中，桂武在身段動作上，經常使用停頓的方式試圖表現剛硬的樣貌，但頓點的使用沒有拿捏好時，會顯得角色人物的身段動作不連貫，較為僵硬。而在角色形象塑造上，詮釋者會以露齒笑的方式進行亮相，整體上顯得較為稚嫩，部分情節的情感展現上相對直接。

《俠女英雄傳》中，桂武在身段動作的展現上較為流暢，以巧勁的方式控制手腕、頭部，形成流暢中帶剛勁的身段動作。而角色形象塑造上，詮釋者以較為穩重的方式塑造角色，在情節安排上雖有衝動反駁的橋段，但也是在衝動中帶有壓抑之感，整體上顯得較為沈穩，情感的展現相對多愁多慮。

四、卜文正角色詮釋差異

卜文正的角色詮釋差異上，主要原因可以歸於詮釋者擅長的角色行當及角色特性的差異。《火燒紅蓮寺》中，卜文正的詮釋者，擅長的角色行當為生行，比較常詮釋老生與官生的正派角色。

在詮釋卜文正時，多以文呈現，雖在後段〈紅蓮劫〉的唱段，有顯示較為剛強的部分及使用甩髮的扮相，但並未使用甩髮進行身段動作展現。整體來說，《火燒紅蓮寺》的卜文正在詮釋者詮釋下，呈現較為文弱的文官形象。

《俠女英雄傳》中，詮釋者擅長的行當角色也為生行，但比較常詮釋如王魁一類，反差較大的角色。

在詮釋卜文正時，文武兼容，〈劫庫銀〉一折中，武戲開打的過程，卜文正不單是被陸小青保護於身後，而是與甘瘤子等人有部分的武戲場面呈現。在後段〈大雄寶殿〉一折，卜文正在唱段中，展現出了甩髮的身段動作，以及被眾和尚抬起的動作，使角色人物剛硬的一面被展現的較為全面。整體上詮釋出卜文正抵死不從的人物形象。

《火燒紅蓮寺》於 2011 上演後，時隔六年於 2017 年重新製演為《俠女英雄傳》，在六年期間此劇目並沒有拿出來搬演，這樣的情形下，即便相同角色人物由同樣的詮釋者進行詮釋，也可能因演員技藝提升、文本改動、舞臺技術改變的關係，產生出不同的詮釋風格樣貌。

在筆者進行比對後，主要詮釋差異性在於文本改動的差異，而文本改動差異在第二章第四節已進行完整論述，故於此不在進行重複敘述。

而兩劇目雖有其他角色人物的詮釋者不同，但由於角色人物本身的戲份較少，在詮釋上比起戲份重的角色人物難呈現明顯的差異。

在文本本身的安排以及場面設計安排，也未特別安排其他角色人物有不同的展現，能夠使不同詮釋者於相同角色上能夠有更大的發揮空間，故在詮釋的差異性上不顯著。筆者於此節中，僅對於上述四個有明顯差異的角色人物，進行詮釋差異的論析。

第四節　表演者受機關布景和道具運用的影響

歌仔戲為眾多戲曲劇種之一，但其表演形式卻相較其他劇種自由、多元，在時代的洪流之中，歌仔戲廣納百川吸收了其他戲曲劇種亦或是現代戲劇的表演方法，形成了獨有的風貌。

長久以來，歌仔戲慣在演出作品當中運用多變的機關布景、精美的舞臺美術，去營造作品的多元層次感，無論是輔助劇情的推進、製造時空差異、合理部分情節、協助演員完成非現實可達到之動作，如：法術呈現等，皆需要利用機關布景去輔助完成。

《火燒紅蓮寺》以及《俠女英雄傳》兩劇目，其演出內容環繞在武俠、仙術、鬥法之上，故劇作需借用大量的機關布景、劇場軟硬體設備去進行畫面呈現，以符合整體劇作之靈魂所在。

然而凡事皆一體兩面，大量使用機關布景及劇場軟硬體設備雖可以協助劇作呈現更高的完整性及合理性，但相對的也對演員的表演方式造成了不少的影響，演員需要花費更多的時間去與舞臺進行磨合，需更全神貫注在表演之中，才能使演員在使用大量機關布景進行演出的情況之下，不背離自己於劇中所要呈現、詮釋的角色人物。

針對機關布景運用，對於演員在演出中的影響，筆者將影響因素區分為動作性以及時間性兩個部分。動作性主要說明機關布景的使用於演員演出過程肢體動作的改變及影響；時間性則主要說明機關布景的使用於演員演出過程節奏性及時間差異之影響。

兩劇目皆使用了機關布景去呈現舞臺場面，當有大型道具於場上，或是演員需要使用到機關時，勢必會出現演員去配合布景的情況出現，以下將針對動作性及時間性，進行論述。

一、機關布景道具運用於演員演出動作性之影響

對於演員來說，燈光、布景、音樂、服裝，皆會影響演員的動作呈現。以燈光來說，「踢出手」就是一例，演員在踢出手時，需要專注的注意槍落下的位置，當頂燈過亮時，演員看不清槍落下的位置，及導致失誤的出現，所以在踢出手時，需將頂燈調暗，避免演員沒有辦法進行踢出手的動作。

服裝則是演員所扮演角色的裝扮影響了動作的展現，如長水袖、扎靠等。這邊的音樂則指的是音樂的長度，當音樂長度在排練過程中被定死時，演員必須掌控自己表演的長度、動作的安排，得以與音樂接軌。布景的大小、擺放位置更是直接影響了演員的出場方式與定位點。

《火燒紅蓮寺》及《俠女英雄傳》在運用機關布景進行場景塑造時，部分硬體設備影響了演員的動作安排，以下將列舉分述。

（一）吊鋼絲

兩劇目都有使用到吊鋼絲的懸吊機關，而人力與電動吊鋼絲的方式，皆會有影響演員動作之處。在《火燒紅蓮寺》中，演員使用綁帶式的空中繩索，綁在肩胛骨與前胸的位置，吊環的位置大約在後頸處，當演員將鋼絲勾上進行動作時，需要不斷閃避鋼索的位置，使鋼索可以保持在演員的身後，避免影響動作的展現。

使用人力拉鋼絲的方式，另一個會影響演員動作的部分是鋼絲的鬆、緊

度。演員已經勾上鋼絲進行動作時，在操控者與演員之間沒有配合好的情況下，會出現演員被鋼絲吊住的狀態。

在〈紅姑下山〉一折，紅姑最後拜別沈棲霞時，演員進行跪下拜別的動作，但因鋼絲線太過緊繃，導致演員沒有辦法完全蹲跪下，演員只能改以半蹲跪的方式呈現拜別動作。

因人力鋼絲設立單一支點，在飛行空間跟距離的限制上較多，使得演員在進行表演時，動作的設計安排需將鋼絲使用的因素納入考量中，避免出現被鋼絲影響動作展現的可能性。

《俠女英雄傳》中，使用電動方式操作鋼絲，相較於人力拉鋼絲，比較不容易出現將演員吊住的情況，但鋼絲吊環的位置依然是在後頸，演員在進行動作時，仍然要閃避鋼絲的位置，避免鋼絲纏繞，在飛行時產生危險。

在閃避鋼絲上，對演員產生最大的動作性影響在於頭部動作，由於頭套及頭飾的配戴，使演員在拿捏頭與鋼絲的距離上，會產生距離與空間差，導致頭上飾品被鋼絲卡住，演員的頭部無法自在轉動的現象，因而影響演員對於動作的呈現。

而電動控制鋼絲的方式，另一個影響動作性的因素，在於飛行的速度。在電動控制的情況下，飛行為定速，演員從舞臺往左右側臺飛的時間過慢，演員需要在飛行過程中增加動作，使畫面不會留白。

最後在《俠女英雄傳》中，有另一部分的影響，在於威牙衣〔註 45〕的穿戴。威牙衣與空中繩索的差異在於，一個為全身穿戴，一個為半身穿戴。

《俠女英雄傳》中，因飛行高度約有三層樓高，採用全身穿戴型的威牙衣，保障演員使用鋼絲時的安全，但由於全身穿戴的威牙衣是由跨下進行穿脫，演員穿上威牙衣進行表演時，上下身的動作會受到威牙衣的影響，導致部分動作無法需要被移除或是修正。

兩劇目使用吊鋼絲來豐富畫面，呈現仙俠之感，但在身段動作的安排上卻會受限於鋼絲的位置及演員身上穿戴的裝置，導致演員在表演時需兼顧鋼絲的使用，影響演員表演時動作的流暢性。

（二）平台

《俠女英雄傳》中大量使用平台建構場面，每一場次的平台定位點都不

〔註 45〕吊鋼絲時，演員所穿戴之安全裝置。

同，演員進行表演時，除了需熟記每一場次出場的方式及位置之外，還需記憶換場時，平台移動的方向及定位點。演員針對平台位置去進行動作的設定安排，避免出場與下場的動作，與平台產生碰撞。

在平台使用上，除了定位點影響演員的動作之外，平台上的站立空間，也使演員必須配合平台調整身段動作。在〈爭財產〉一折中，親族追殺紅姑與小桂武的段落，演員需要在平台上跑動，呈現追殺的畫面，由於平台的站立面積較小，演員只能利用抓手跳耀的動作，或是往後挪動的動作，在平台上轉換位置，動作的安排與展現都顯得較為拘束。

二、機關布景道具運用於演員演出時間性之影響

（一）吊鋼絲

前面所述的動作性影響上，已經提出了兩劇目使用鋼絲的方式，於此筆者不再重複論及，主要針對時間性的影響進行論述。在《俠女英雄傳》中，鋼絲定速的方式，使得演員在飛進飛出時，滯留於空中的時間極長，導致演員在幕內講口白至飛到舞臺上的過程中，產生了舞臺及表演上的時間空白。

在〈爭財產〉、〈陷阱〉、〈解危〉三折戲中，演員使用鋼絲的橋段皆為救人，在戲劇節奏上應該是緊湊的，但因鋼絲使用的飛行過程緩慢，使戲劇節奏被拉慢，舞臺上的演員需等使用鋼絲的演員定位，才能夠繼續進行對手戲。

鋼絲的使用，改變了原先戲劇的節奏，當產生等待對手出現的狀況時，表演會瞬間產生空白，需借助原就於舞臺上的演員去彌補空白之處，舞臺上的演員，以自己詮釋的角色去對使用鋼絲的角色做情緒反應，以穩定戲劇節奏。

（二）「斬雞頭」機關

《火燒紅蓮寺》中使用的斬雞頭機關，為壓力噴煙式，噴煙瞬間加壓至雞頭掉落的瞬間，大約只有一秒的時間，可以讓演員呈現低頭閃避追魂劍的動作，演員、機關兩者之間，需緊密配合，過早或是過晚都會導致配合錯位，造成時間差的問題。

《俠女英雄傳》的斬雞頭機關，由演員自行操控機關的啟動時間，但演員在啟動機關時必須背對觀眾，避免穿幫。在演員背臺時沒辦法看到樂隊指揮給的指示，演員以雷射燈光的出現以及武場樂器給的指示，作為啟動機關的時間基準點。在雷射燈出現時，為演員準備啟動機關的指示，當武場大鈸敲下的瞬間，演員啟動機關。演員必須藉著外力來確認啟動機關的時間，當其中一

個環節的時間掌控出錯時，則導致演員無法在正確的時間點上啟動機關形成畫面。

（三）芭蕉樹機關

芭蕉樹機關為《火燒紅蓮寺》與《俠女英雄傳》兩劇目，唯一一個相同使用的機關布景道具，在第四章節的內容中，會針對芭蕉樹機關道具的使用原理進行論述，於此筆者簡略帶過不多做討論，將重點放至機關道具的使用對演員造成時間性的影響進行論述。

在《俠女英雄傳》中電動芭蕉樹機關道具由啟動至斷落，過程大約有一至兩秒的時間差，演員舉刀的身段動作，為準備啟動機關的指示，演員將刀砍於芭蕉樹上的動作，配合武場大鈸的聲音，為機關啟動的指示。

由於演員在進行武戲場面時，沒有辦法自行控制芭蕉樹斷裂的啟動機關，芭蕉樹的控制上必須由技術人員協助控制，在這樣的情形之下，容易產生演員動作與芭蕉樹掉落的時間差。

當演員將刀砍至芭蕉樹，機關未完成啟動，會使演員需轉以其他動作掩蓋技術出錯的問題，反之，當演員尚未將刀砍至芭蕉樹，機關就先於演員指示啟動，則為機關道具使用上的穿幫，於觀眾來說也會喪失觀賞此情節斷落的驚喜感。

在芭蕉樹機關的使用上，演員、武場、技術人員，需三方配合，才能使芭蕉樹的正確的時間點落下。而演員更應該在動作之間，視情形進行時間停頓或是加速動作的時間細節拿捏，避免時間差的問題出現。

總體上《火燒紅蓮寺》以及《俠女英雄傳》兩劇目，在角色人物詮釋上因詮釋者本身擅長行當的不同，於角色人物塑造上產生詮釋風格的差異，又文本內容的變動、舞臺軟硬體設備的設置有所變動，使兩劇目產生了不同的樣貌。歸結兩劇目的角色人物詮釋差異：

1. 角色人物詮釋者相同

在角色人物詮釋者相同的情況下，文本內容的修正，改變了整劇目的戲劇節奏與結構，詮釋者在重新解讀劇本後，在角色人的情緒拿捏，或是細節動作的展現上，會出現些微的差異，如：紅姑在《俠女英雄傳》中，多安排了一段唱段，凸顯角色人物「俠」女精神。以整體的詮釋的演出風格來說，變動並不大。

2. 角色人物詮釋者相異

角色人物在不同詮釋者的詮釋下，筆者列出了差異性最為明顯的四個角色：陸小青、甘聯珠、桂武、卜文正，進行詮釋風格差異之分析，得出差異性顯現於擅長角色行當的不同、文戲與武戲安排比例、表演節奏的拿捏上。其他角色人物礙於戲份較少，且未安排特殊的橋段，使得差異上較為不顯著。

然而兩劇目，運用了大量的機關布景去建構場面，豐富了劇目於表演過程的可看性，但其機關的設置安排，使演員於表演過程中產生影響。其中可歸結於「動作性」與「時間性」兩點：

1. 動作性的影響

在動作性上，無論使用人力或是電動去吊鋼絲，皆對演員在動作展現上產生影響。吊鋼絲的安全設備「空中繩索」、「威牙衣」，是直接影響演員進行動作的因素，而飛行的速度與演員及操控者間的配合，是間接影響之處。在平台的使用上，其本身條件（長度、高度、寬度）和定位點的設置，演員需進行動作場面安排的配合。

2. 時間性的影響

兩劇目使用的吊鋼絲和機關道具，使得演員需與樂隊、技術進行配合，道具的啟動過程，會出現時間遲滯的現象。